사람을 남기는
관계의 비밀

사람을 남기는
관계의 비밀

펴낸날 초판 1쇄 2015년 3월 1일 | 초판 17쇄 2023년 2월 1일

지은이 김대식

펴낸이 임호준
출판 팀장 정영주
편집 김은정 조유진 이상미
디자인 유채민 | **마케팅** 길보민 이지은
경영지원 나은혜 박석호 유태호 황혜원

진행 방미희 | **일러스트** 영수 이신혜
인쇄 (주)상식문화

펴낸곳 북클라우드 | **발행처** ㈜헬스조선 | **출판등록** 제2-4324호 2006년 1월 12일
주소 서울특별시 중구 세종대로 21길 30 | **전화** (02) 724-7635 | **팩스** (02) 722-9339

ⓒ 김대식, 2015

이 책은 저작권법에 따라 보호를 받는 저작물이므로 무단 전재와 무단 복제를 금지하며,
이 책 내용의 전부 또는 일부를 이용하려면 반드시 저작권자와 ㈜헬스조선의 서면 동의를 받아야 합니다.
책값은 뒤표지에 있습니다. 잘못된 책은 바꾸어 드립니다.

ISBN 979-11-85020-69-3   13190

> 비타북스는 독자 여러분의 책에 대한 아이디어와 원고 투고를 기다리고 있습니다.
> 책 출간을 원하시는 분은 이메일 vbook@chosun.com으로 간단한 개요와 취지, 연락처 등을 보내주세요.

북클라우드는 건강한 몸과 아름다운 삶을 생각하는 (주)헬스조선의 출판 브랜드입니다.

사람을 남기는
관계의 비밀

북클라우드

Prologue

한두 사람이
우리의 삶을
바꾼다

 인생을 백 개의 계단으로 나타낸다면 대부분의 사람들은 아흔여덟 번째 계단에서 고비를 만난다고 한다. 두 계단만 더 올라서면 새로운 세상이 펼쳐지는데도 더 이상은 힘들어서 못 가겠다며 그대로 주저앉는다. 그런데 여기서 멈추면 열 번째 계단이나 오십 번째 계단에 있을 때와 크게 달라지는 것이 없다. 그래서인지 사람들은 백 번째 계단까지 오른 누군가를 보면 마치 자신과 비교할 수 없는 특별한 사람인 양 부러워한다. 단 두 계단만 오르면 되는데 왜 많은 이들이 그 고비를 넘지 못하는 걸까?

그것은 아흔여덟 번째 계단까지는 나의 노력만으로도 충분히 올라갈 수 있지만, 나머지 두 계단을 오르기 위해서는 내 등을 떠밀어주는 타인의 손이 필요하기 때문이다. 즉 남은 두 계단을 오를 수 있는 힘은 나를 밀어주고 끌어주며 때때로 용기를 북돋아주는 '내 사람들'로부터 나온다. 그리고 그 힘은 내 삶을 생각지도 못한 좋은 방향으로 이끈다.

《위대한 나의 발견 강점 혁명》이라는 책을 보면, 재능이라고 말하려면 그 재능이 한 번이 아니라 지속적으로 나타나야 한다는 말이 나온다. 그러면서 34개의 강점을 열거해 놓았는데 하나하나 짚어 보니 나는 이중 '공감'과 '관계자'라는 강점을 지니고 있었다. 그 많은 강점 중에서 아쉽게도 내 것은 단 두 가지뿐인 것이다.

실제로 나는 뛰어난 점보다 부족한 점이 더욱 많아 다른 사람에게 배운 것을 차곡차곡 채워나가며 살 수밖에 없었다. 내가 삶의 다양한 가치들 중에서 '관계'에 우선순위를 두게 된 것도 바로 이 때문이다. 나의 모자람을 채워줄 다양한 이들을 만나면서 남보다 조금 더 많은 '사람 경험'을 하게 되었고, 그러면서 '사람 부자'라는 과분한 별명 또한 얻을 수 있었다. 무엇보다 감사한 것은 타인의 마음을 헤아리고 함께 걸어가는 법을 고민하게 되면서, 나와 상대 모두에게 경쟁력 있는 관계에 대한 통찰까지 얻을 수 있었다는 사실이다.

기러기는 4만 킬로미터가 넘는 거리를 날아간다. 그 자그마한 몸집으로 지구 한 바퀴에 해당하는 거리를 비행할 수 있는 것은 혼자가 아니라 함께 가기 때문이다. 먼 길을 날아가는 동안 기러기들은 끊임없이 소리 내어 서로를 독려한다. 만약 낙오하는 동료가 생기면 반드시 무리에서 두 마리가 떨어져 나와 목적지까지 동료를 보살핀다. 그렇게 끝까지 함께 비행을 마친다.

사람 또한 인생 항로를 혼자서 비행할 수 없다. 태어나면서부터 죽을 때까지 우리는 많은 사람들을 만난다. 그렇기에 우리 삶에서 사람과 관계가 차지하는 비중은 어마어마하다. 많은 이들이 사람으로 인해 울고, 웃고, 행복해하며 때로는 감동하고 분노하는 이유도 여기에 있을 것이다.

그동안 몸담고 있는 학교와 조직을 통해 살아갈 날들이 많은 청춘들 그리고 살아온 날들이 많은 어른들을 만났다. 그중에는 우물처럼 깊은 사람의 마음과 오묘한 관계의 속성을 이해하지 못해 힘겨워하는 이도 있었고, 성숙한 관계를 바라보는 안목이 부족해 내적 성장이 멈춘 이도 있었다. 그런 모습을 볼 때마다 매우 안타까웠는데 이번 기회에 다른 이들과 관계의 지혜를 나눌 수 있게 되어 감사할 따름이다.

이제 첫 장을 열기에 앞서 잠시 스스로에게 물어보자. 질문에 자신 있게 답할 수 있다면 이 책을 덮어도 좋다. 만약 그렇지 않다면 이 책을 읽으며 진지하게 고민해봤으면 좋겠다.

"지금 내 곁에는 나머지 두 계단을 올라가도록 나를 이끌어 줄 한 사람이 있는가?"

2015년 봄,
내 삶의 귀한 이들을 떠올리며

김대식

 Contents

Prologue 한두 사람이 우리의 삶을 바꾼다

PART 1
다시, 관계를 디자인하라

나는 그대가 '사람 부자'면 좋겠다	14
인맥보다 인연으로 먼저 만나라	22
딱 세 사람만 더	28
관계도 나이 드는 방식이 있다	36
놓치지 마라, 내 사람이다	44

PART 2
어떻게 사람 부자가 되었나

첫인상보다 마지막 인상을   54

기브 앤 테이크, 그 주고받음에 대하여   64

마음속에 몇 개의 의자가 있는가   72

배려는 나 혼자 하는 것이 아니다   78

SNS, 그리고 너와 나   83

그래도 맨 얼굴이 아름답다   90

평판은 남이 써주는 자기소개서다   96

선택에도 수준이 있다   102

PART 3

만나고, 겪어내고, 성장하라

결코 가볍지 않은 사소한 문제들	112
밑지는 관계를 철학하다	118
장점을 보고 반했으면 단점을 보고 돌아서지 마라	125
비교도 잘하면 '약'이 된다	130
기회를 잡을까, 관계를 지킬까	136
미숙한 수용보다 완벽한 거절을	142
잘 싸우는 것도 능력이다	148
손을 놓을 때도 시간은 필요하다	154

PART 4
사람을 남기는 관계의 정석

저는 관계 1년차입니다_ 겸손	162
당신을 한 번 더 생각나게 하는 힘_ 약속	169
이게 진짜 100점짜리 애티튜드다_ 경청	176
그 사람이 더 알고 싶어지는 순간이 있다_ 긍정	182
그만큼 타인이 채워줄 공간이 넓은 것이다_ 결핍	188
당신의 가장 좋은 사람을 나눌 수 있는가_ 공유	194

PART 5
사람을 남기는 관계의 습관

번호는 바꾸라고 있는 것이 아니다	204
큰 사람을 단번에 부르는 기적	210
10분이 만남의 질을 바꾼다	216
두 마리 토끼를 잡는 진짜 고수가 돼라	222
눈과 귀를 붙잡는 잡담 내공 기르기	228
이너서클, 지금 당장 시작하라	236

PART 1

다시, 관계를 디자인하라

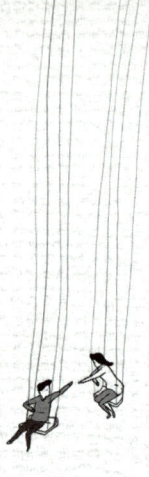

나는 그대가
'사람 부자'면
좋겠다

삶의 각 시기마다 겪어야 할 '사람의 총량'이라는 게 있다. 이때 관계의 너비를, 그리고 깊이를 다채롭게 경험하지 못하면 사람 보는 안목이 길러지지 않는다. 그리고 여기서 그치는 것이 아니라 남은 삶이 고달파질 수도 있다.

2013년, 어느 일간지에 '세 대의 휴대 전화에 4만 개의 번호가 저장되어 있는 대한민국 최고의 마당발'이라며 소개된 적이 있었다. 이 4만 개라는 숫자는 추리고 추려서 실제로 연락을 주고받는 사람들만 꼽은 것이다. 잠실 운동장의 수용 인원이 최대 3만 명이라고 하니, 4만 명이 적은 수는 아닐 것이다. 그래서인지 쑥스럽게도 주변에서는 나를 가리켜 '사람 부자'라고들 한다.

이처럼 많은 사람과 연결되어 있다 보니 이들을 모두 챙기는 것이 보통 일은 아니다. 많을 때는 걸려오는 전화만 해도 하루 300~350통에 문자도 200통에 달하니, 회신하는 시간을 합치면 3시간은 그냥 지나간다. 휴대전화 한 달 요금이 100만 원을 훌쩍 넘을 때도 있다. 그러다 보니 주위 사람들로부터 "그 사람들이 밥이 되나 떡이 되나? 자네 뭐할라고 그렇게까지 챙기나?"라는 타박 아닌 타박을 받기도 한다.

무엇 때문에 그렇게까지 하느냐고? 그동안 살아오면서 사람에게 가장 큰 힘이 되는 존재가 바로 '사람'이라는 것을 배웠기 때문이다. 여기서 말하는 '힘'이란 어떤 배경이나 권력이 아니라, 넘어졌다가도 씩씩하게 일어나 이 팍팍한 세상을 걸어갈 수 있게 하는 원동력을 말한다. 생각해보면 각자의 삶에 크든 작든 용기를 불어넣어준 사람이 한 명쯤은 있을 것이다.

손 내밀어 줄 사람이 있는가

나에게 최초의 원동력이 되어준 사람은 이제는 이름도 기억나지 않는 하숙집 딸이다.

찢어지게 가난한 집에서 태어난 탓에 나는 중학교 시절부터 부모님의 도움을 받지 못하고 고학을 해야만 했다. 집을 떠나 하숙집에서 생활하던 시절, 정말 무지막지하게 추운 날이 있었다. 하숙비가 밀려서 연탄을 넣어달란 말은 못하고, 그저 이불을 뒤집어쓰고 밤이 빨리 지나가기만을 기다릴 뿐이었다. 이 상태로 며칠 동안 어떻게 버티나 고민하고 있는데 누군가 내 방문을 두드렸다.

"저, 주인집 딸인데요."
"네, 무슨 일이세요?"

"저기, 방이 얼음장 같을 텐데 괜찮으세요?"

"아, 저 그게. 제가 지금 연탄 넣을 상황이……."

"그렇다고 이 추운 날 어떻게 이대로 있나요? 아버지 몰래 연탄 한 장 넣어드릴 테니 걱정 말고 공부나 열심히 하세요."

그 마음 씀씀이가 어찌나 고마웠던지 듣자마자 눈물이 핑 돌았다. 그때 그이에게 받은 연탄 한 장은 나로 하여금 남보다 조금 더 빨리 '사람의 소중함'을 깨우치는 계기를 마련해주었다. 진심이 담긴 배려와 따뜻함이 타인에게 힘이 될 수 있으며, 나 또한 누군가에게 그런 존재가 되어야겠다는 마음을 처음으로 품게 된 것이다.

그러기 위해서는 가능한 한 많은 사람들과 관계를 맺어가며 내게 없는 좋은 점들을 배워야겠다는 생각이 들었다. 이후 나는 자라온 환경이 다른 동갑내기들은 물론 용돈을 벌고자 부둣가에서 일하다가 알게 된 아버지뻘 일용직 아저씨들과도 스스럼없이 어울리기 시작했다. 나이와 직업, 출신과 상관없이 인연을 맺어가며 '나'라는 점을 둘러싼 동심원을 확장해나간 것이다.

그렇게 한해 두해가 지나고 30여 년이 지나고 보니, 쑥스럽게도 '사람 부자'라는 말을 듣는 지경이 되었다. 종종 이런 생각을 한다. 만약 내가 삶의 가치관을 세울 그 나이에 주인집 딸이 건넨 따뜻한 마음을 접하지 않았더라면, 누군가 나에게 사람의 가치를 일깨워주지 않았더라면 지금처럼 '사람'에 우선순위를 두며 살 수 있었을까? 가난한 집에서 태어나 아무것도 없었던 내가 좋은 사람들과 함께 걸어올 수 있었을까? 고비마다 굽이마다 나를 잡아주고 격려해준 많은 사람들, 그리고 그들과의 관계가 있었기에 "지금 나는 충분히 행복합니다"라고 말할 수 있게 된 것이다. 다시 말하지만 이는 내가 뛰어나서가 아니라 나와 함께 손을 잡고 걸어온 이들이 있었기 때문이다.

이렇게 말하면 "사람 부자도 좋지만, 그래도 돈이 많은 부자가 더 좋지 않으냐"라고 되묻는 이도 있는데, 그런 말을 들을 때마다 마음이 안타깝다. 있다가도 없고, 없다가도 있는 것이 돈이다. 돈이 적다는 것은 당장 쓸 수 있는 경제적 자원이 빈약하다는 것일 뿐, 나중의 삶은 어떻게 될지 아무도 모른다. 지금 가난하다고 해서 인생 전체가 가난하다고, 그래서 불행하다고 말할 수는 없다.

하지만 사람이 부족한 삶은 다르다. 사람이 모여들지 않는 인생, 사람이 다가오지 않는 인생은 그 앞날이 어찌 될지 보인다. 길을 걷다가 혹은 계단을 오르다가 생각지도 못한 지점에서 휘청거리며 넘어진 경험이 있을 것이다. 그때 옆에서 누가 붙잡아주기만 해도 넘어지는 정도가 다르다. 머리가 깨질 수 있을 만한 것도 무릎만 살짝 까지는 정도로 그칠 수 있다. 아파서 주저앉아 있어도 일으켜 세워주는 팔이 있으면 금세 툭툭 털고 일어날 수 있다. 물론 혼자서도 다시 일어날 순 있다. 하지만 그만큼 더디고 힘들다.

  간절히 필요할 때 손 내밀어주는 이 없다면 그 얼마나 외로운 삶인가? 그래서 나는 돈이 부족해도 사랑이 많은 삶이, 돈이 많아도 쓸쓸한 삶보다 더 좋다. 그렇기에 재물 부자보다 사람 부자로 사는 인생이 훨씬 값지다고 믿는다. 슬리퍼 질질 끌고 나가도 스스럼없이 만날 수 있는 친구, 이 세상 사람 모두가 손가락질해도 변함없이 나를 믿어주는 내 사람들이 있다면 그것이야말로 진짜 성공한 삶이다.

최고의 스펙은
'사람'을 겪어 낸
'경험'이다

이런 생각을 품고 살아왔기 때문인지, 나는 눈앞의 손해에 급급하지 말고 사람을 보라는 말을 인생 후배들만 보면 붙잡고 이야기한다. "결국 힘들 때 내 곁에 남는 존재는 따뜻한 내 사람들"이라고 말이다. 젊은 친구들 입장에서는 소위 '꼰대의 잔소리'라고 싫어할 수도 있겠지만 어쩌겠는가? 내가 사람으로 인해 인생의 계단을 올랐으니 그 혜택을 이들 또한 보게 하고 싶은 것을.

인생의 젊은 날에 꼭 해야 하는 것이 있다면 무엇일까? 앞으로 활동할 분야를 정하고 직장에 들어가 안정된 보금자리를 꾸리는 것, 물론 현실적으로 굉장히 중요한 일이다. 하지만 그에 못지않게 꼭 필요한 것이 바로 다양한 사람을 겪어내는 일이다.

삶의 각 시기마다 겪어야 할 '사람의 총량'이라는 게 있다. 이때 관계의 너비를 그리고 깊이를 다채롭게 경험하지 못하면 사람 보는 안목이 길러지지 않는다. 그리고 여기서 그치는 것이 아니라 남은 삶이 고달파질 수도 있다. 그 누구도 혼자 살 수 없는 세상에서 사람과 관계에 대한 지혜가 부족하니 말이다. 살다 보면 사회 경험이 부족한 젊은이도 아닌데 '왜 저렇게 행동할까? 나중에 어디서 어떻게 만나게 될 줄 알고?'라는 생각이 들게 하는 사람들을 종종 보게 된다. 나는 그 이유가 사람의 가치와 관계의 지혜를 제때 배우지 못했기 때문이 아닐까 한다.

그러니 죽을 때까지 이 사람도 만나보고 저 사람도 만나는 일에 머뭇거려서는 안 된다. 어느 구름에 빛이 들어 있는지 모를 뿐더러, 관계 안에서 성장하는 자신과 마주했을 때 삶의 고개를 오를 수 있는 힘이 만들어지기 때문이다. 살아갈 날 동안 그 무엇과도 바꿀 수 없는 자신만의 인연을 차곡차곡 쌓아 보자. 단언컨대, 젊은 시절부터 사람의 귀함과 관계의 소중함을 깨달은 사람을 위해 인생은 우리가 생각지도 못한 선물을 준비하고 있다.

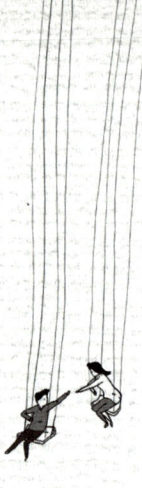

인맥보다
인연으로
먼저 만나라

많은 사람을 만나 관계를 맺고 겪어보라는 말은 단순히 아는 사람 수를 늘리라는 뜻이 결코 아니다. 다양한 분야의 사람을 만나되 진심이 있어야 한다. 그것이 누군가를 대하는 우리의 말과 행동을 달라지게 만든다.

일간지에 내 인터뷰 기사가 실렸을 당시, '이런 사람하고는 단 5분도 깊이 있게 대화를 나누지 못하겠다'라고 써놓은 한 네티즌의 댓글을 본 적이 있다. 4만 명과 관계를 유지한다는 사실을 보고 내가 밀도 있게 친분을 맺을 수 없는 사람, 타인을 수단으로 여기고 인맥을 넓히는 사람이라 생각했나 보다.

하지만 사람이라는 존재는 생각보다 훨씬 깊고, 넓고, 심오하다. 아무리 지도를 최첨단으로 만드는 천재가 나타나도 표기할 수 없는 세상이 '한 사람'이다. 그런데 어떻게 허술하게 대할 수 있단 말인가. 단 5분이라도 진심 없이 만나면 표시가 나게 되어 있다. 그도 알고 나도 알며 옆 사람도 안다.

인맥을 바라보는
우리의 시선

가만 보면 사람들은 '인맥'이라는 말에 대해 긍정적인 시선과 부정적인 시선을 모두 지니고 있다. 우선 긍정적인 시선은 '인맥이 넓다'라는 말에서 나타난다. 누군가가 인맥이 넓다고 하면 부러워하거나 대단하다는 반응이 나온다. 그러면서도 '필요에 의한 사람 관리'라는, 마치 사람을 일종의 수단으로 여기는 것 같은 태도가 담겼다고 보고 거부감을 드러내기도 한다. 인맥을 편하게 살기 위해 꼭 있어야 할 것으로 여기면서도 한편으로는 경시하는 것이다.

게다가 인맥을 당장이라도 뭔가를 얻을 수 있는 달콤한 열매로 착각하는 경우도 많다. 이렇게 되면 심각한 부작용이 나타나는데, 바로 타인과 관계를 맺을 때 필요한 인내심이 단축된다는 점이다. 그러다 보니 당장 내게 열매를 가져다주지 못하는 사람을 업신여기고 관계를 정리하는 우를 저지르게 된다. '기껏 시간과 돈을 투자하여 만났더니 나한테 생기는 게 없네'라고 판단되면 관계를 정리하고, 당장이라도 달콤한 열매를 줄 것 같은 이들을 찾아가는 것이다. 이런 사고방식이 스스로에게 과연 이득을 가져다줄까?

마지막으로 인맥에 대해 갖는 가장 큰 착각은 '몇 명을 아는가'를 기준으로 세우는 태도이다. 단순히 아는 사람의 수가 많다든지, SNS에서 팔로잉하는 사람이 많다고 해서 인맥이 넓다고 착각하는 경우가 그것이다. 물론 다양한 분야에서 많은 사람과 인연을 맺는 것은 충분히 중요하다. 하지만 열심히 '아는 사람'만

늘린다고 해서 끝일까? 절대로 그렇지 않다. 이것은 인맥이 힘을 발휘하는 때가 언제인지만 생각해봐도 금방 깨달을 수 있다.

심장을 덥히는 인연을 추구하라

살아가면서 어떤 때 인맥이 필요하다고 느끼는가? 대개는 좋은 정보를 얻고자 할 때, 회사를 이직하거나 사업에 대한 지원이 필요할 때 등을 꼽을 것이다. 이른바 '경제적인' 맥락이다. 그런데 의외로 우리가 생각하는 것처럼 경제적인 관점에서 사람의 도움이 필요한 경우는 그리 많지 않다. 생각해보라. 매일 같이 회사를 옮기는가? 날마다 타인에게 무언가 부탁할 일이 생기는가?

그보다는 술 한잔하고 싶은데 마땅히 불러낼 이가 없을 때, 고민을 털어놓고 조언이 필요할 때 사람에 대한 그리움이 절실해진다. 사실 스스로에게 경쟁력만 있다면 뛰어난 사람들은 몰려들게 되어 있다. 하지만 위로나 공감을 선뜻 내주는 인연은 생각보다 찾기 힘들다.

인맥의 한자어 풀이를 보면 우리가 놓치고 있는 본질을 찾을 수 있다. 인맥은 '사람 인(人)'에 '줄기 맥(脈)'의 합성어로 여기서 '맥'자는 '맥박'이라는 단어에 쓰이는 글자다. 맥박이 무엇인가, 심장 아닌가. 그러므로 인맥은 '사람의 심장을 따뜻하게 데우는 인연'이라는 뜻을 담고 있다. 진심으로 다가가 사람의 마음을 덥히는 것, 우리는 이 말의 어원에 더 가까워질 필요가 있다.

바로 이런 맥락에서 나는 언제 어디서 누구를 만나든, 어떤 일로 만나든 인맥보다 먼저 인연으로 만나라고 말한다. 설사 도움을 받거나 목적이 있어 다가가더라도, 일회성의 만남으로 끝내지 말고 이생에서 알게 된 귀한 인연으로 다가가라는 뜻이다. 작은 마음가짐이라도 그것은 누군가를 대하는 우리의 말과 행동을 달라지게 만든다. 그러면서 한두 번 보고 마는 사이로 끝나느냐, 아니면 오래오래 길게 가는 인연으로 이어지느냐를 갈리게 한다.

그러므로 많은 사람을 만나 관계를 맺고 겪어보라는 말은, 단순히 아는 사람 수를 늘리라는 뜻이 결코 아니다. 다양한 분야의 사람을 만나되 진심이 있어야 한다. 관계에서 깊이가 더해지지 않으면 주변 사람들로부터 '저 사람은 관계를 늘리기만 하지 책임은 지지 않는 사람이야'라는 말을 듣기 쉽다. 장기적인 관점에서 신용은 신용대로 떨어지고 관계의 수명 또한 짧아지는 것이다.

주변에 모이는 이가 많은 리더일수록 사람을 가릴 거라고들 생각한다. 물론 가린다. 단, 그 기준이 세속적인 기준이 아니라 만나면 편한 사람, 또는 즐거운 사람이다. 하루 종일 이해 관계자들 안에서 사는 만큼 밥 한 끼를 먹더라도 편하고 즐겁게, 차 한잔을 하더라도 마음이 통하는 이들과 하고 싶은 건 리더라고 다르지 않다.

사람을 대할 때도 한 그루의 나무를 대하듯 넉넉함과 여유를 갖고 대할 수 있어야 한다. 당장 필요한 열매가 나오지 않는다는 이유로 귀한 인연들을 내 삶에서 뽑아버리는 어리석은 행동을 하지 말자. 법정스님이 말씀하신 무소유란, 아무것도 갖지 말라는 것이 아니라 불필요한 것을 갖지 말라는 말씀이었다. 사람을 대하는 자세도 마찬가지다. 불필요한 것들은 모두 빼고 그저 사람을 사람으로 보자는 것이다. 사람을 덥히는 따스한 마음, 젊은 이들이 그것만은 꼭 품고 걸어가면 좋겠다.

딱
세 사람만
더

산도 멀리서 보면 하나의 덩어리 같지만, 자세히 들여다보면 큰 줄기의 산맥이 있고 작은 봉우리도 있다. 산맥과 봉우리가 어우러지면서 비로소 멋진 산이 만들어지는 것이다. 관계도 그렇다.

어떻게 하면 관계를 쉽게 시작하고 잘 유지할 수 있는지를 묻는 이들이 많다. 다양한 사람들을 만나고 어울리며 그들의 장점을 자신의 것으로 취하고 싶지만, 타고난 성격 때문에 쉽지 않다고 호소하는 것이다. 어른들만 그런 것이 아니라 젊은이들도 별반 다르지 않다. 그래서 학기가 시작하면 첫 시간에 학생들에게 보여주는 것이 바로 '관계의 동그라미'다.

종이에 동그라미를 그린 뒤 네 칸으로 나눈다. 만약 학생이라면 동그라미의 첫 번째 칸에는 교수의 이름을, 두 번째 칸에는 동기생의 이름을, 바로 밑 칸에는 선배나 학교 안에서 맺는 다른 관계를 써 넣는다. 이렇게 구분하는 이유는 그래야 자신의 주변에 누가 있고, 그들이 어느 카테고리에 속하는지 파악할 수 있기 때문이다. 이때 왼쪽 아래는 빈칸으로 두는데 이런 설명을 덧붙인다.

"여러분이 대학을 다니는 동안 인턴을 하거나 강연에 참석하거나, 하다못해 아르바이트를 해서 학교 밖에서 만나는 사람이 있지요? 이 마지막 칸은 바로 학교 밖에서 만난 사람으로 채우는 겁니다. 이렇게 해서 동그라미가 완성되면 이것이 여러분이 앞으로 지고 가는 관계의 씨앗이 될 겁니다. 이 씨앗이 살아남을

최소한으로 맺어야 할 관계의 동그라미

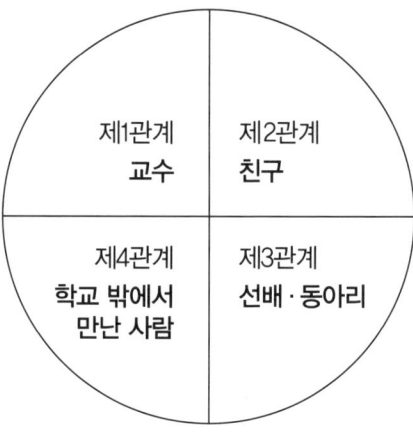

대학생일 경우

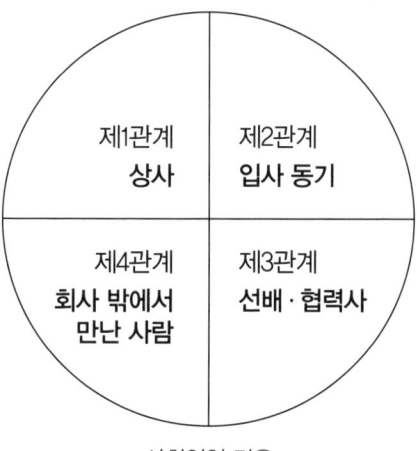

사회인일 경우

지 말라죽을지, 또는 자라서 잔디가 될지 아름드리나무가 될지는 여러분에게 달렸습니다. 물론 이는 사회생활을 하는 경우에도 똑같이 적용됩니다."

나는 내 주변 다섯 사람의 평균이다

존 맥스웰의 《사람은 무엇으로 성장하는가》를 보면 '사람은 자신이 가장 많이 어울리는 다섯 사람의 평균이다'라는 구절이 나온다. 그만큼 자신을 둘러싸고 있는 환경이 중요하다는 뜻으로, 적어도 주변에 다섯 사람은 있어야 평균이란 것을 낼 수 있고 자신이 어떤 사람인지 객관적인 관점에서 바라보기도 쉬워진다.

외향적인 사람은 내향적인 사람에 비해 관계를 시작하는 것은 탁월하지만, 한 번 맺은 관계를 꾸준히 끌고 가는 것에는 약한 모습을 보일 때가 많다. 또한 관계의 범주를 다양화하는 데까지는 시선이 미치지 못한다. 동그라미에서 다음 칸으로 넘어가기 전에 이미 '사람의 수'가 채워지니 그 발걸음을 멈추는 것이다.

관계를 맺는 대상을 선택할 때 사람들은 생각보다 수동적이다. 본인이 주도적으로 대상을 찾아 관계를 형성하기보다는 시간을 쉽게 내주는 사람, 큰 노력 없이도 편하게 만날 수 있는 사람하고만 시간을 보낸다. 지난 한 달 동안 있었던 만남의 패턴을 분석해보자. 가족, 연인이나 배우자, 친구, 회사 동료나 상사, 지도 교수 등 다섯 손가락 안에 드는 사람을 반복해서 만나 '했던 이야기를 또 하는' 익숙한 모습이 떠오를 것이다.

이렇게 자신이 몸 담고 있는 세상에서 벗어나지 않으면서 수동적으로 관계를 맺으면 어떤 일이 나타날까? 다양한 관계의 동그라미가 만들어지지 못하고 한쪽으로만 쏠려 결과적으로 한 분야에서만 백 명의 사람과 연결된다. 이는 우리가 살면서 겪게 될 수만 가지 변수 중 한 가지 종류만 해결할 수 있다는 말과도 같다. 명심하자. 직업이 다른 서른 명과 친분을 쌓으면 서른 개의 분야를 간접 경험하는 루트가 만들어지는 것이다. 편하게 지내는 대상하고만 관계를 맺는 것에 길들여지다 보면 관계의 콘텐츠가 빈약해져 성장의 전환점을 마련할 기회가 그만큼 줄어든다.

나와 절친한 박진 아시아미래연구원 상임대표는 분야를 넘나드는 관계가 어떤 것인지를 보여준다. 그가 밥 한번 먹자고 해서 약속한 식당으로 가면 정말로 백 명에 달하는 사람들이 자리를 메우고 있다. 그를 만나러 간 건지, 아니면 백 명의 사람들과 인사하러 간 건지 헷갈릴 정도다. 게다가 그 많은 사람들이 모두 같은 분야에 종사하는 이들도 아니다. 문학, 예술, 정치, 금융, 기술, 공학 등 각기 다른 세계에서 활동하는 사람들이다 보니, 나물 반찬 한 가지를 놓고 이야기를 하다가도 몰랐던 것들을 자연스레 배우게 된다. '밥 한 끼'가 참석자들로 하여금 색다른 지식을 얻게 하고, 각자의 공간으로 돌아간 후에도 창조적인 발상을 끌어내도록 돕는 것이다.

산맥과 봉우리가
어우러져야 진짜 산이다

같은 친구라도 언제부터 알게 된 사이인지에 따라 그 관계가 지니는 의미가 달라진다. 대체로 10대일 때 만난 친구는 추억을 공유하는 사이가 되고, 사회생활을 시작하면서 알게 된 친구는 커리어와 성과를 공유하는 사이가 된다. 중년에 접어들어 만난 친구는 가치관과 철학을 공유하는 사이로, 젊을 때 사귄 친구와는 또 다른 맛을 준다.

그런데 유년시절에 대한 기억이 강해서일까? 아니면 바쁜 세상에서 남보다 앞서가는 데 온 신경을 집중하다 보니 사람을 볼 여력이 없어서일까? 사회에서 만난 사람과는 아무리 대화가 잘 통하고 마음이 맞아도 평생 가져갈 관계가 될 수 없다고 못을 박아 두거나, 경쟁자라고 여기고 일정한 선을 그은 채 마주하는 젊은이들이 많아 놀랄 때가 한두 번이 아니다.

산도 멀리서 보면 하나의 덩어리 같지만, 자세히 들여다보면 큰 줄기의 산맥이 있고 작은 봉우리도 있다. 산맥과 봉우리가 어우러지면서 비로소 멋진 산이 만들어지는 것이다. 관계도 그렇다. 큰 사람으로 인해 성장의 발판을 만들고, 작은 사람으로 인해 소소한 기쁨이 어우러질 때 우리 삶의 균형감이 더욱 충만해진다.

윤종용 전 삼성전자 부회장은 언젠가 나에게 "사람과 사람의 만남은 새로운 자원과 시장을 찾아 끊임없이 항해하는 것"이라는 말을 한 적이 있다. 그렇다. 탐험가처럼 자신에게 익숙한 시공간과 사람들에게서 벗어나 점차 다른 곳에 자신을 놓아두는 연습, 이것이 관계의 적극성이며 나는 이를 다른 말로 '섭외 마인드'라고 부른다. 섭외를 나타내는 한자를 보면 '건널 섭(涉)'과 '바깥 외(外)'로 이루어져 있다. '외'에는 타인이라는 뜻이 있으니, 정리하면 섭외는 '타인에게 건너다'라는 뜻으로 관심의 방향을 더 넓은 세상으로 두라는 지침이 들어 있다. 그러니 지금 내 관계의 동그라미에서 너무 한쪽 칸에만 사람이 몰려 있는 것은 아닌지 점검하는 시간을 가져보자. 그런 후에 유난히 비어 있는 칸에 지금보다 '딱 세 명만 더 가질 것'을 목표로 삼아보라고 권하고 싶다.

관계도
나이 드는
방식이 있다

나이가 들수록 정말 건강하고 성숙한 관계를 맺고 싶다면, 한 번쯤은 '내가 다른 사람에게 줄 수 있는 것이 무엇인지'를 진지하게 고민해봐야 한다. 이에 대한 답을 제대로 알고 있어야 나잇값 잘하는 관계를 그려나갈 수 있다.

'나잇값'이라는 말이 있다. 말이나 생각, 행동 등을 나이에 걸맞게, 보다 정확히 말하면 살아온 시간의 두께에 어울리게 하고 있는지를 가리키는 말이다. 이 말이 자칫 '몇 살이라면 어떠어떠하게 행동해야 한다'라는 식의 고정관념을 만든다며 부정적으로 바라보는 시각도 있는데, 우리 삶에는 이 고정관념을 어느 정도 지켜야 하는 부분이 있다. 바로 관계다.

우리가 나이를 먹어갈수록 외모가 달라지고 관점이 달라지는데, 관계도 나이에 따라 생성하고 유지하며 지켜가는 모습이 조금씩 변화한다. 그런데도 이 사실을 깨닫지 못하면 언제까지나 어린아이처럼 타인을 대하는, 그야말로 나잇값 못하는 사람이 될 수 있다. 그래도 삼십대 초반까지는 아직 삶의 지혜가 부족해서 그런 모양이라고 용서받을 수 있지만, 그 이후에는 "나이도 먹을 만큼 먹었는데 어떻게 다른 사람한테 저런 식으로 행동하지?"라며 손가락질을 받게 된다. 그때까지 쌓은 성과, 명예 등이 차고 넘쳐도 나이에 걸맞게 관계를 끌고 나가지 못하면 단번에 '경우 없는' 사람이 되어버리는 것이다. 그러므로 나잇값, 관계에서는 꽤나 중요하다.

20대, 부지런히 씨앗을 뿌리자

우선 20~30대 초반을 보자. 이 시기는 사회로 나아가기 위한 밑그림을 그리는 시기이며, 완성된 것이 별로 없는 '미완의 시기'이기도 하다. 사회생활에 진입하기 위해 역량을 쌓는 기간인 만큼 그 어느 때보다도 관계의 씨앗을 다양한 곳에 뿌려놓는 것이 중요하다.

사실 이 시기에는 익숙한 범주를 벗어나 관계를 맺어야 할 필요성 자체를 느끼지 못하는 경우가 많다. 관계의 깊이에 대한 선호가 커서 나와 마음이 맞는 소수하고만 밀도 깊은 관계를 가져가려는 생각을 한다. 하지만 사회적 지위나 생각의 차이가 크지 않은 이때야말로 편하게 친분을 쌓을 수 있는 최적의 타이밍이다. 나이를 먹어갈수록 느끼겠지만, 상대와 내가 큰 차이가 나지 않는다는 것이 마음에 얼마나 큰 편안함을 주는지 모른다. 그러니 이런저런 장애물이 많지 않은 20대 시기만큼은 끼리끼리 몰려다니기보다는 더 큰 범주 안에 스스로를 던져보자.

매번 새로운 사람을 만나라는 것이 아니다. 동아리나 학회, MT, 동문회, 인턴십, 워크숍, 동호회 등 여러 사람이 모이는 자리에 갔을 때 늘 함께 다니는 그룹 안에만 있지 말라는 말이다. 평소에 별로 이야기를 하지 않는 사람과 한 번씩만이라도 눈을 맞추며 근황에 대해 물어보자. 예를 들어 나는 조찬 모임이나 세미나 등 여러 사람이 모이는 자리에 가게 되면 상대방이 눈치 채지 못하는 선에서 테이블을 옮겨 다닌다. 절대로 행사가 끝날 때까지 한두 테이블에서만 머물지 않는다. 아주 잠깐이라도 생각지도 않았던 사람이 다가와 안부를 묻고 대화를 청하면, 상대가 느끼는 감정은 고마움을 넘어선다. 그것만으로도 또 하나의 관계의 씨앗이 뿌려지는 것이다.

하나 더, 만약 업무적으로나 인생 경험으로나 자신보다 선배인 사람과 친분을 맺고자 할 때는 머리 쓰는 자세를 경계하자. '저분을 알아두면 나한테 도움이 될 것 같아'라는 마음만 갖고 다가오는 젊은이들이 간혹 있는데, 인생의 내공이 쌓인 분들에게는 그러한 마음이 훤히 들여다보인다. 좀 더 냉정하게 이야기하면, 만약 가까워지고 싶은 상대가 나타나 그 옆에 머물고 싶다면 그대 역시 충분히 매력적인 사람이어야 한다. 직업이나 학력 등 흔히 '스펙'이라고 하는 외적인 요건을 말하는 것이 아니다. 20~30대일 때 잘나봤자 그건 또래들 사이에서나 통하는 얘기지, 이미 사회생활을 하며 성과를 쌓아온 선배나 어른의 눈에는 크게 매력적으로 보이지 않는다. 그보다는 오히려 성품, 배려심, 말과 행동 등 이른바 '싸가지'라고 하는 것이 훨씬 중요하게 작용한다.

그러니 자신만의 열정과 진심, 때 묻지 않은 진정성 등으로 선배들을 대할 것을 권하고 싶다. 대체로 기성세대는 사회생활을 하는 동안 잃어버린 순수함을 젊은이들을 통해서 회복하고 싶어 하는 마음을 가지고 있다. 생각만 해도 대견하고 기분 좋게 만드는 젊은이라면, 한 번 생각할 것도 두 번 세 번 떠올리게 된다.

30대, 관계를 좀먹는 자만심을 경계하자

30대 중반~40대 초반은 인생에서 가장 활발하게 움직이는 시기다. 그만큼 다양한 사람과 만날 기회도 많아진다. 나 역시 이 시기에 학교나 외부에서 중요한 보직을 맡는 기회가 많아졌고, 그러면서 자연스럽게 좋은 분들과 인연을 쌓을 기회가 늘어났다.

이 시기의 관계 맺음에서 당부할 내용이 있다면 자만심을 경계하라는 것이다. 직장에서나 사회에서나 최고의 성과를 내는 단계이다 보니, 슬슬 내가 아니면 세상이 돌아가지 않는다는 식의 사고가 또아리를 트는 경우가 많다. 자만심의 사전적 의미는 '자신이나 자신과 관련있는 것을 스스로 뽐내는 마음'이다. 이 뽐내는 마음이 관계에 있어서는 치명적인 독약과 같다.

관계에서 자만심이 위험한 이유는 스스로를 드러냄에 있어 관계를 이용하려는 의도가 짙어지기 때문이다. 물론 대부분의 사람들은 이런 마음을 겉으로 내색하지 않는다. 대신 어떤 모임이든 빠지지 않고 참석하는 식으로 자만심을 드러낸다. 특정한 모임의 주축이라는 사실을 인정받고 싶은 마음이 그렇게 행동하도록 만드는 것이다. 그래서 이미 다른 약속이 잡혀 있음에도 자만심을 충족해주는 모임과 약속이 겹치면 선약을 취소하고 뒤의 모임에 참여하기도 한다. 이런 행동이 반복되면 주변 사람들에게 '나와 한 약속은 소중하게 생각하지 않는 사람'이라는 인상을 주게 되면서 관계도 흔들릴 수 있다.

그럼 왜 자만심을 갖게 되는 걸까? 개인의 타고난 성품이나 주변 상황 등 다양한 이유가 있겠지만, 나는 스스로에 대한 자신감이 부족하기 때문이라고 본다. 밖으로 드러나는 성과도 많고 나를 찾는 이가 많다면서 왜 자신감이 부족하냐고 의아하게 생각할지도 모르겠다. 아이러니하게도 자존감과 자신감이 자주 부딪치는 때라서 그렇다. 지금의 자리에 오기까지 100% 본인의 역량으로 온 경우도 있지만, 이른바 '줄을 잘 서서' 온 경우도 있다. 또한 사회적 지위가 눈에 보이게 차이 나는 때라 타인을 보며 상대적으로 자신이 보잘 것 없다고 느끼기도 한다.

어떤 이유로든 마음속에 자리 잡은 자만심이 스멀스멀 커지면서 밖으로 나오는 것을 방치하면 이것이 종국에는 관계를 겨냥하는 화살이 된다. 그러므로 세상 모든 것이 나를 중심으로 돌아간다는 기분이 든다면, 그렇게 느끼게 하는 사람들이나 모임에서 한 걸음 물러나 혼자만의 시간을 가질 것을 권한다. 많은 사람들과 이어지고 거기서 중심이 되는 것도 좋지만, 무엇보다 사람들에게 오랫동안 가져가고 싶은 사람이 되는 것에 뜻을 두자. 그래야만 장기적으로 일희일비하지 않고 경쟁력 있는 관계를 형성해 나갈 수 있다.

나이가 들수록 정말 건강하고 성숙한 관계를 맺고 싶다면, 한 번쯤은 '내가 다른 사람에게 줄 수 있는 것이 무엇인지'를 진지하게 고민해봐야 한다. 이에 대한 답을 제대로 알고 있어야 살아가는 동안 나잇값 잘하는 관계를 그려나갈 수 있다.

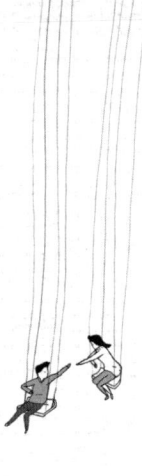

놓치지 마라,
내 사람이다

성장이란 '목표를 향해 끊임없이 걸어가는 것'과 '누군가와 동행하고자 하는 의지'가 같은 수준에서 이루어지는 것이다. 이 사실을 새기며 살아가는 사람과 그렇지 않은 사람의 태도는 확연히 다르다.

지난 여름, 터키와 그리스로 성지순례를 다녀왔는데 그때 동행했던 분이 이런 질문을 던졌다.

"김 교수님, 사람을 통해 성장하며 산다는 것의 의미가 뭘까요?"
"음, 어린아이부터 노인까지 모든 사람에게 배울 점이 있다는 것을 늘 기억하며 사는 것이 아닐까요?"

우리는 성공과 성장을 비슷한 개념으로 이해한다. 그러나 이 둘은 단순하지만 분명한 차이를 지녔다. 전자가 목표 달성을 가장 시급한 일이라고 생각해 옆을 돌아보지 않고 달려가는 것이라면, 후자는 목표를 향해 가고 있다는 것 자체에 의미를 두므로 기꺼이 타인과 함께 하는 쪽을 택한다.

얼마 전, 광고대행사에서 근무하는 제자와 만났을 때 그는 성공과 성장에 대해 이런 말을 했다.

"5년차일 때만 해도 성과를 잘 내는 사람이 인재라고 생각했어요. 그래서 결과에만 매달리다 보니 일하는 의미를 찾기가 어려워지더라고요. 좋은 실적을 올려서 보상을 받아도 그 기분이 오래가지 않는 그런 느낌이었어요. 그러다가 7년차가 되면서부터 조금씩 알게 됐어요. 성과는 일시적 보상일 뿐, 그 안에서 다른 사람들과 함께 갈 줄 알아야 균형을 잡을 수 있다는 것을요. 그래서 무리한 경쟁심을 버리고 오히려 좋은 관계에 집중하니까 성과도 따라오더라고요."

그렇다. 내가 생각하기에 성장이란 '목표를 향해 끊임없이 걸어가는 것'과 '누군가와 동행하고자 하는 의지'가 같은 수준에서 이루어지는 것이다. 학교에서든 사회에서든 이제는 혼자서 하는 일보다 함께 하는 일이 훨씬 많다. 그리고 이 사실을 새기며 살아가는 사람과 그렇지 않은 사람의 태도는 확연히 다르다. 1급수 노하우는 풀지 않고 대충 끝내려는 사람이 있는 반면, 단발성 프로젝트라 하더라도 기꺼이 동료와 노하우를 공유하려는 사람이 있다. 전자가 성공만 좇는 사람이라면 후자는 성공과 더불어 성장까지도 챙기는 사람이다. 이런 사람이 주변에 많으면 일이 잘 풀리지 않을 때도 좀처럼 조급한 마음이 들지 않는다. 더불어 정점에 달한 순간에서도 성과 달성에 도취되어 자만에 빠지는 것을 경계할 수 있다.

내가 이런 사람이 되는 것도 중요하지만, 그에 못지 않게 중요한 것이 이런 사람을 알아보는 안목이다. 하지만 젊은 날에는 인생 경험이 깊지 못해 누가 가까이 두어도 좋을 사람인지, 누가 멀리 해야 할 사람인지 판단하는 능력이 부족하다. 그러므로 '이 사람 정도면 함께 가도 믿을 만하겠다'라고 판단할 눈을 길러 두었다가 내 곁에 나타난다면 놓치지 말자.

이런 사람, 평생 가져가라

그럼 어떤 사람이 평생 같이 갈 수 있는 사람, 또 가져가야 할 사람일까? 첫 번째를 꼽는다면 필요할 때 손해를 볼 줄 아는 사람이다. 성장에는 크게 배움이나 진로처럼 커리어 측면에서의 성장이 있고, 사람과 조화를 이루는 대인 관계 측면에서의 성장이 있다. 그런데 손해를 볼 줄 아는 사람은 대인 관계 측면에서 지속적으로 자라온 사람이라고 봐도 무방하다. 웬만한 자존감과 긍정 없이는 그러한 마음 씀씀이를 가질 수 없기 때문이다. 이런 사람은 서로 간에 일어나는 서운함이나 갈등 그리고 박탈감처럼 불편한 감정도 현명하게 대처해 옆에 있는 사람까지도 성장할 수 있도록 돕는다.

두 번째는 먼저 웃는 사람이다. 거울을 떠올려보자. 거울은 절대 먼저 웃지 않는다. 내가 먼저 다가가 환하게 웃어야 거울 속의 나도 비로소 웃어준다. 관계도 마찬가지다. '저 사람이 나에게 호감을 가지고 있을까'를 생각하며 신경이 곤두서 있을 때 상대가 먼저 와서 인사를 건네면 그것만큼 고마운 일이 없다. 누구든 타인과 처음 관계를 맺을 때 정도의 차이는 있으나 방어벽을 쌓는다. 그런데 이런 벽을 쌓지 않으면서 먼저 다가올 줄 안다는 것은 기본적으로 사람에 대한 신뢰를 갖고 있다는 말이 된다. 이런 사람이라면 상황에 흔들리지 않고 그대를 진실하게, 묵묵히 응원해 줄 것이다.

프랑스의 경제학자 장 모네가 영국으로 유학을 떠날 당시, 그의 아버지는 "공부를 마치고 돌아올 때는 지금 가지고 가는 책은 가지고 오지 말거라. 대신 많은 친구를 사귀어서 돌아와야 한다"라고 말했다. 모네는 아버지의 가르침에 따라 좋은 친구들을 사귀는 데 힘썼고, 그 인연들을 자양분 삼아 훗날 EU(유럽연합)의

아버지라고 불릴 만한 업적을 남겼다.

　하긴 어디 모네뿐인가. 역사 속 영웅들과 리더들 또한 특별한 이들을 알아보고 자기 옆에 붙잡아두는 눈이 있지 않았던가. 이런 눈은 영웅들에게만 아니라 살아갈 날 많은 그대에게도 반드시 필요한 것이다. 그러니 부디 좋은 이들을 알아보고 내 사람으로 만드는 행운을 놓치지 않기를 바란다. 피천득 선생님이 후배들에게 남기신 말씀을 들어보자.

　"어리석은 사람은 인연을 만나도 몰라보고, 보통 사람은 인연일 줄 알면서도 놓치며, 현명한 사람은 옷깃만 스쳐도 인연을 살려낸다."

　아마도 당신께서 아직 살아 계시다면 '안타까운 사람은 내 사람인 줄도 모르고 인연을 내쫓는다'라는 구절을 덧붙이시지 않았을까. 다시 한 번 말하지만 나를 성장시키고 큰 사람으로 만들어줄이들을 만나는 것은 그 무엇과도 바꿀 수 없는 행운이다. 그러니 내 귀한 사람들, 절대로 놓치지 말자.

자신을 완성하려면 다른 사람과의 관계를
잘 맺어야만 한다. 타인과의 교제 없이,
혹은 타인에게 영향을 미치거나 영향을 받지 않고서는
자신을 살찌워나갈 수 없기 때문이다.

- 톨스토이

PART 2

어떻게 사람 부자가 되었나

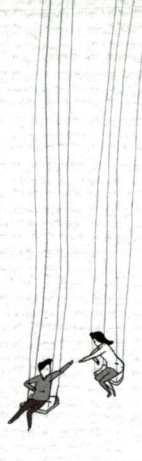

첫인상보다
마지막
인상을

'피크엔드 법칙'이라는 것이 있다. 우리가 어떤 사건이나 경험을 평가할 때 극적인 순간(peak)과 마지막 순간(end)의 합으로 그것을 기억한다는 말이다. 관계 역시 사람과 사람이 함께하는 모든 순간의 합이다.

만남을 좌우하는 것은 첫인상이라고들 한다. 때문에 누군가를 처음 만나는 자리가 있으면 외모부터 말씨, 행동까지 하나하나 신경 쓰며 좋은 인상을 주려고 노력하기 바쁘다.

그런데 첫인상만 좋게 만들면 그것으로 끝이라는 엄청난 착각을 하는 이들을 종종 보게 된다. 사람과 사람이 만나는 시간은 칼로 무 자르듯이 나눠지는 것이 아니라 매 순간이 모여 그와 나의 관계를 결정하는 연속적인 것이다. 첫인상은 상대의 마음에 노크를 하는 것일 뿐, 그의 마음속으로 들어갈 수 있느냐 없느냐는 이후의 행동에 의해 결정된다. 그래서 첫인상도 중요하지만 오히려 마지막 인상이 결정적인 열쇠로 작용한다.

우리가 '관계'라고 칭하는 것은 한두 번 만나는 것을 가리키지 않는다. 여러 번, 그것도 꽤 깊이 있는 대화를 나눈 뒤 상대에 대해 '이 친구는 이런 상황에서는 이렇게 행동할 사람이구나'라는 예측이 가능해질 때 비로소 서로가 진짜 관계를 맺었다고 말할 수 있다. 그래서 관계는 '인연 맺기-유지하기-진화시키기-공유하기'라는 단계를 갖는다. 만약 이 네 단계를 지나지 않고 어느 한 지점에만 머물게 되면 관계는 굳건히 자리매김하지 못하게 된다. 한두 번의 만남을 끝으로 인연이 지나가는 것이다.

내가 이런 생각을 하게 된 것은 학회에서 보았던 어떤 청년 때문이다. 10대부터 50대까지 다양한 사람들이 모인 일본 관련 학회였는데, 30대 후반인 그는 누가 봐도 밝고 열정적인 사람이었다. 먼저 웃고 다가가는 모습이 좋은 인상으로 남아 '언제 차라도 한잔 해야겠다'라고 마음먹고 있었는데, 언젠가부터 그의 모습이 보이지 않았다. 그렇게 여러 날이 지나 총무에게 그의 안부를 물었더니 그가 탈퇴를 했다는 것이었다. 생각지도 못했던 일이라 이유를 아는지 물었더니 총무의 대답은 이랬다. 활달한 성격 덕분인지 그는 이 학회 말고도 여러 모임에 참가하고 있었는데, 그러다 보니 학회 활동이 힘에 부치는 것 같았다고 했다. 이쪽이든 저쪽이든 어느 쪽도 제대로 챙기지 못하니 사람들 사이에서 말이 나오기 시작해 결국은 자진해서 그만두게 된 모양이었다.

이처럼 관계를 맺는 능력은 탁월한 데 비해 그 관계를 유지하는 부분에는 상대적으로 노력을 쏟지 않는 경우가 많다. 이른바 뒷심이 부족한 유형이다. 놀랍게도 사교성이 좋다는 말을 듣는 이들 중 이런 유형이 많다. 충분히 매력적이고 공감 능력도 뛰어나지만, 사람과 사람 사이의 만남이 순환하는 과정이라는 것을 이해하지 못해 관계의 시작에만 치중하다가 이렇게 되는 것이다.

관계는
모든 순간의 합이다

순환하는 관계로 발전되기 전 단계, 즉 '단선적인 만남'에서는 서로 좋은 이미지를 주고받는 것이 필요하다. 우리가 이야기하는 첫인상이 중요하게 작용하는 순간이다. 이때 첫 만남은 단선적인 만남인데 엄연히 여기에도 첫인상, 중간 인상, 마지막 인상 이렇게 세 가지 단계가 존재한다. '피크엔드 법칙'이라는 것이 있는데, 우리가 어떤 사건이나 경험을 평가할 때 극적인 순간(peak)과 마지막 순간(end)의 합으로 그것을 기억한다는 말이다. 행동경제학의 대가인 다니엘 카너먼 교수는 냉수에 손을 담그는 실험으로 이를 보여준 바 있다.

그는 사람들을 A 그룹과 B 그룹으로 나눈 뒤, A 그룹에게는 매우 차가운 물에 60초 동안 손을 담그게 했다. 다음으로 B 그룹은 60초 동안은 A 그룹과 같은 온도의 물에, 그 후 30초 동안은 처음보다 덜 차가운 물에 손을 담그도록 했다. 즉 A 그룹은 계속 같은 온도의 물에, B 그룹은 서로 다른 두 가지 온도의 물에 손을 담그게 한 것이다. 실험이 끝난 후 어느 그룹의 참가자들이 더 괴로웠는지를 물었더니 A 그룹이 B 그룹보다 더 많이 괴로워했다. 그 이유는 A 그룹의 머릿속에는 실험 내내 손이 얼 정도로 괴로웠다는 사실만 남았지만, B 그룹에게는 그나마 나중에 덜 차가운 물에 손을 담갔던 기억이 있기 때문이라는 것이다.

피크엔드 법칙은 관계에서도 그대로 유효하다. 누군가와 함께 시간을 보내면서 가장 좋았던 순간 그리고 마지막에 받은 인상이 합해지면서 이 사람과는 또 만날지 아니면 한 번의 만남으로 끝낼지를 결정하기 때문이다. 그러므로 사람과 사람의 관계는 그들이 함께하는 '모든 순간의 합'이다.

나는 이를 내 식대로 바꿔서 '뒷심의 법칙'이라고 부른다. 첫 인상에서는 특별한 인상을 받지 못했는데 시간이 지날수록 '즐겁다'라는 느낌을 받고, 마지막까지 좋은 인상이 남았을 때 그 사람의 첫인상까지 달라졌던 경험이 있을 것이다. 이 얼마나 다행인가? 만나고 나서 단 몇 초 이내에 결정되는 게 첫인상이라면, 뒷심의 법칙은 더 오랜 시간 자신을 보여주고 나서 결정되니 그래도 해볼 만한 여지가 충분하지 않은가. 때문에 누군가를 만날 때 첫인상만 잘 보이면 된다고 생각하거나 혹은 상대의 첫인상만 보고 그에 대해 100% 파악했다고 판단하는 것은 위험한 일이다. 좋은 관계가 될지도 모를 싹을 잘라버리는 우를 범할 수 있기 때문이다.

뒷심을 살리는
두 가지 열쇠

그럼 구체적으로 어떻게 해야 관계의 뒷심을 살리고 상대에게 '이 사람과 관계를 맺어보고 싶다'라는 인상을 줄 수 있을까? 비교적 간단한 두 가지 방법을 알려주고자 한다. 지금도 내가 사람들을 만날 때마다 빠짐없이 실천하는 방법이기도 하다.

첫째는 '10분 피드백'이다. 상대가 누구든 그 사람과 헤어진 후 만남에 대한 소감을 문자나 메일로 전하는 것이다. 헤어지고 나서 10분 이내에 전달하는 것이 좋은데, 그래야 나와 함께했던 시간을 그 사람도 좀 더 특별하게 기억할 수 있기 때문이다. 사실 내가 이 10분 피드백을 시작하게 된 것은 상대에게 특별한 인상을 주기보다는 그 사람을 만나 보니 오히려 내 기분이 좋아져서 이 마음을 전하기 위한 것이었다. 그런데 나중에 친해지고 나서 상대방에게 들으니, 헤어진 후 받은 문자 메시지 덕분에 덩달아 자신까지 기분이 좋아졌다고 하는 것이 아닌가. 즉 '이 사람은 정말 나와의 만남을 소중하게 생각했구나'라는 인상을 받았다는 것이다.

그 말을 듣고 생각해 보니 대화를 나누는 동안 상대방에게 좋은 느낌을 준 친구라면 그 이미지가 더욱 강화될 것이고, 설사 그렇지 못했다 하더라도 나중에 그 피드백 하나로 의외로 속 깊은 친구라는 긍정적인 이미지를 갖게 될 것이었다. 특히 자신과 나이가 비슷한 또래거나 사회적 위치가 동등한 경우라면 비교적 쉽게 다음 만남을 기대할 수 있지만, 만약 상대가 격의 없이 연락하기 어려운 사람이라면 나에 대한 좋은 이미지를 심어주는 것이 무엇보다 중요할 것이다. 그러니 만나고 난 후 10분 안에 피드백을 주는 습관을 들여보자. 이 습관이 나중에 내 곁에 큰 사람을 데려다 줄지 누가 알겠는가?

두 번째는 명함을 주는 것이다. 명함 교환은 지금도 하고 있는 일인데 뭐가 특별하냐고? 조금만 더 깊게 이야기해보자. 사람들이 명함을 언제 주고받을까? 대부분이 만나자마자 인사를 하면서 명함을 교환한다. 명함을 첫인상의 영역이라고 간주하여 그러는 것 같은데, 명함은 마지막 인상을 강렬하게 남기는 도구이기도 하다.

어느 날 모 그룹에 다니는 청년을 만났는데 그 친구가 자기 명함을 주려고 하는 것이었다. 친하지는 않지만 처음 만난 사이도 아니고 그의 이름과 소속, 직무 등은 알고 있던 터라 왜 갑자기 명함을 주려는 건지 의아한 생각이 들었다. 그런데 손바닥에 놓인 명함을 보고 나니 그제야 의문이 풀렸다. 그는 현재 다니는 회사 이름이 박혀 있는 명함 대신 자신이 미래에 창업하게 될 기업의 이름을 새긴 '자신만의' 명함을 준 것이었다.

이런 명함을 받으면 상대에 대해 질문을 안 할래야 안할 수가 없다. 때문에 애초의 계획은 짧게 인사만 하고 나오는 것이었으나, 그 명함을 받고 나서 그 친구와 근 한 시간 동안이나 대화를 나누고 일어섰다. 내 머릿속에서 '좋은 회사에 다니고 있는 젊은 인재'라는 다소 평이한 수식어로 기억될 뻔했던 그가 '지금 당장 투자하고 싶은 예비 CEO'라는 고유한 이미지로 남게 된 것이다.

이처럼 상대에게 강렬한 인상을 주고 싶다면 현재의 소속이 적힌 명함은 업무상으로 필요할 때 쓰고, 회사 밖에서는 직무 위주로 명함을 만들어 나눠주는 것도 좋은 방법이다. 대개 사람들은 자신과 다른 분야에 대해서는 생각보다 무지해 그만큼 호기심을 느끼기 쉽다.

아직 사회인이 아닌 경우에도 마찬가지다. 대학생들은 각종 강연이나 세미나 등을 통해 저명인사와 만날 기회가 오히려 직장인보다 많다. 이때 전공과 이름이 적힌 명함을 건네는 것은 자신을 어필하는 방법으로 그만이다. 내가 일본에서 꼭 하나 들여오고 싶은 것이 있다면 바로 대학생들이 명함을 갖고 다니는 모습이다. 한국에서는 사회인들만 명함을 가지고 다니지만 일본에서는 대학생들도 자기 명함이 있다. 소속된 학교와 학과 말고도 자신을 소개하는 독특한 문장, 꿈과 비전 등을 적은 명함을 주는데 받은 사람은 그 명함의 주인공을 잊어버리기 힘들다. 저명인사를 만났을 때 명함과 함께 짤막하게나마 "오늘 강연 잘 들었습니다. 많은 도움이 되었습니다"라는 피드백을 전한다면, 틀림없이 강렬한 인상을 남기게 될 것이다.

이미지가 중요한 시대에 살고 있는 우리는 첫인상의 중요성은 이미 잘 알고 있다. 하지만 함께하고 있는 순간은 물론, 헤어진 다음에 내가 어떻게 말하고 행동하는가가 관계에 강력한 영향력을 끼친다는 것은 잘 알지 못한다. 그러므로 관계에서 남들이 보지 못하는 곳까지 내다보고 싶다면 첫인상뿐만 아니라 마지막 인상도 챙겨두자. 관계는 모든 순간이 쌓여 이루어지는 탑과 같으니 말이다.

기브 앤 테이크,
그 주고받음에
대하여

주는 사람은 베푼 것으로 그 상황에 대한 기억을 끝내지만, 받은 사람은 그 순간부터 받은 것에 대한 기억을 끌어안고 산다. 오랜 시간 누군가의 마음속에 자리할 수 있는 티켓이 '기브'에 들어 있는 것이다.

작년 10월, 경조사비로만 나간 돈이 500만 원을 넘었다. 그런 나를 보며 어느 지인이 "김 교수는 자식들 결혼식 때 꽤 많이 거둬들이겠어"라는 농담을 건넸다. 그 말을 들은 내가 "저는 친한 분들만 모시고 조용히 치를 생각입니다"라고 하였더니 그분은 "그러면 김 교수가 손해죠. 품앗이니까 낸 만큼 거둬들이는 게 맞는 거예요"라고 대꾸했다.

기브 앤 테이크(give and take). 관계에 있어서 이것만큼 민감하고 미묘한 사안이 또 있을까. 그것은 기브 앤 테이크가 자신이 상대에게 존중을 받느냐 혹은 그렇지 못하느냐를 보여주는 가장 직접적인 단서가 되기 때문일 것이다. 그러다 보니 대부분의 사람들은 자신이 베푼 만큼 상대가 주지 않으면 억울해한다. '내가 저한테 어떻게 했는데 나에게 이럴 수가 있어?'라며 서운해하다가 끝내 관계가 돌이킬 수 없는 지경에 이르기도 한다.

기브 앤 테이크에 대해 이런 감정을 느끼는 이유가 무엇일까? 기브 앤 테이크를 바라보는 눈이 지나치게 좁은 곳에 머물러 있기 때문은 아닐까? 우리, 이를 바라보는 스펙트럼을 조금만 넓혀보자. 내가 생각하기에 기브 앤 테이크를 철저하게 '주고받는 것'으로 보는 이유는 오로지 경제적 관점에서만 바라보기 때문이다. 즉 실컷 줘놓고서 억울한 감정이 드는 건 '생각'을 생략했기 때문인데, 그러다 보니 받아야 한다는 심리가 밑도 끝도 없이 그 자리를 차지하는 것이다.

모든 관계는 무엇인가를 주고받는다. 부모와 자식, 사랑하는 연인, 오랜 친구 등 어떤 관계라도 무엇인가를 주고받는다. 다만 무엇을 주고받느냐가 다를 뿐이다. 어떤 관계는 돈, 물건, 정보, 인맥 등 경제적인 자원을 주고받는가 하면 또 어떤 관계는 사랑, 위로, 공감 등 정서적인 자원을 주고받는다. 그런데 주고받는 대상을 경제적인 자원에만 국한하여 생각하니 나만 준 것 같아 억울하고 서운한 것이다. 하지만 평소 자신이 상대방에게 현명한 조언을 많이 듣거나 작은 일에서도 마음 씀씀이가 느껴지는 배려를 받았다면, 그만큼 내가 더 많은 정서적 자원을 받았다는 점을 잊지 말자. 비록 커피 한 잔도 내가 더 자주 사고, 밥 한 끼도 내가 더 많이 산다 해도 말이다.

게다가 계산하지 않고 순수한 마음으로 상대에게 돈과 시간을 투자하면 결국 그 관계의 주도권은 내 손으로 들어오게 되어 있다. 상대가 한 수 무르고 들어가게 되는 것이다. 그래서 나는 젊은이들을 만나면 밥값이든 술값이든 기꺼이 먼저 내는 습관을 들이라고 조언한다. 주는 것도 반복을 통해 습관이 되어야 제때 튀어나오기 때문이다.

작게 주면 크게 오는 이상한 법칙

젊은 시절 야간대학에 다닐 때 함께 공부했던 종인이라는 친구가 있다. 지금은 시가총액 1,600억 원이 넘는 상장기업의 대표이사가 되었는데, 어느 날 나를 만난 자리에서 그가 밑도 끝도 없이 이런 말을 꺼내는 것이었다.

"대식아, 지금 생각해도 참 고맙다."

"뭐가?"

"나 결혼할 때 말이야. 그때 네가 부산에서 경주까지 운전해 줬잖냐."

"내가 그랬다고? 언제? 나는 기억이 안 나는데?"

"기억 안 나? 그때 차편도 없고 내가 하도 어려울 때라 신혼

여행 가는 거 엄두도 못 냈잖냐. 그런데 네가 아무렇지도 않게 경주까지 태워다 준다고 해서 얼마나 고마웠는지 모른다야. 아마 지금보다 더 나이를 먹어도 그 일은 절대 못 잊어버릴거야."

당시 나는 대학을 졸업하자마자 직장 생활을 시작한 덕분에 중고차 한 대를 가지고 다녔다. 그때 종인이가 결혼식은 올렸지만 차비도 없고 다른 방법이 없어서 신혼여행을 가지 못할 상황이었는데, 내가 부산에서 경주까지 자기네 부부를 태워다 주었다는 것이다. 사실 결혼식 사회를 본 것까지는 기억이 나는데, 태워다 준 것은 정말 까맣게 잊고 있었다. 그 일이 뭐라고 종인이는 삼십 년이 지나도록 기억하고 있는 모양이었다. 그래서인지 그는 나를 볼 때마다 '하고 싶은 일이 있으면 도와줄 테니 마음껏 해봐'라는 말을 건네곤 하는데, 말만 들어도 천군만마를 얻은 기분이 든다.

주는 사람은 베푼 것으로 그 상황에 대한 기억을 끝내지만, 받은 사람은 그 순간부터 받은 것에 대한 기억을 끌어안고 산다.

오랜 시간 누군가의 마음속에 자리할 수 있는 티켓이 '기브'에 들어 있는 것이다. 이것이야말로 가장 큰 보상이 아니고 무엇이겠는가. 나는 지금까지 안 주고는 못 배기는 사람 치고, 불행하거나 가난하게 사는 것을 본 적이 없다. 도움을 받은 주변에서 그 사람이 그렇게 살도록 내버려두지 않기 때문이다.

호혜와
호구는 다르다

그렇다고 무조건적으로 아무에게나 베풀기만 하라는 것은 아니다. 좋은 의도로 베푸는 사람을 착취하려는 상대에게 이용만 당하다가 자칫 사람을 믿지 못하게 될 수도 있기 때문이다. 그러므로 또 하나 알아두어야 할 것이 바로 '호혜'와 '호구'를 구분하는 일이다.

호혜가 상호 간에 이뤄지는 나눔이라면, 호구는 한쪽의 일방적인 헌신을 말한다. 하루는 같은 학교의 동료 교수님이 고민이 있다며 내 방으로 찾아온 적이 있다. 무슨 고민이 있길래 낯빛이 어둡냐고 물었더니 그는 얼마 전에 있었던 일을 들려주었다. 20

명 정도 되는 사람들과 해외로 워크숍을 다녀왔는데, 당시 본인이 인솔자 노릇을 해야 해서 참석자 한 명 한 명을 살뜰하게 챙길 수 없었다고 한다. 그런데 누군가는 그게 마음에 들지 않았던 모양이다. 바쁜 사람을 불러다 놨으면 음식은 입에 맞는지, 잠자리는 편한지 숙소도 한 번씩 들러야 하는데 인솔자가 자기네 그룹에게 소원했다며 학회 게시판에 항의성 글을 올렸다는 것이다. 다행히 그의 성품을 아는 사람들이 많아서 그대로 잠잠해지는가 싶었는데, 문제는 그에게서 '이번 일은 넘어갈 테니 대신 주말에 시간을 비워놓으라'라는 식으로 일방적인 문자가 왔다는 것이다.

자기중심적인 사람은 다른 어떤 것도 고려하지 않고 정말 자신의 입장에서만 생각한다. 게다가 누울 자리라도 하나 발견하면 틈을 주지 않고 달려든다. 이런 사람이 내뱉는 말 하나, 행동 하나에 감정적으로 대응하면 말려드는 자신만 손해다. 그러니 이런 사람과는 가급적 꼭 필요한 말만 주고받고 어느 정도 거리를 두는 것이 좋다.

또한 대놓고 자기중심적인 유형은 아니나, 유독 그대에게만 받으려는 이가 있다면 용납할 수 있는 '선'을 정해놓자. 그렇지 않으면 내가 이만큼 해주었으니 이 관계를 내 마음대로 이끌어 가겠다는 식으로 상대를 조종하려는 마음이 자리 잡을 수 있다. 누군가에게 베풀 때 가장 경계해야 할 것이 있다면 '내가 이만큼 했으니 넌 이거라도 해라'라는 나눔의 뒤끝이다.

제대로 된 기브의 철학은 주는 사람이 더 행복하다는 사실을 전제로 삼는다. 그러므로 '기브 앤 테이크'는 어느새 '기브 앤 해피'가 된다. 조금만 생각을 바꿔서 이러한 지혜를 마음에 품어보면 어떨까. 베푸는 쪽이 결코 손해보는 것이 아니라는 사실을 점차 깨닫게 될 것이다. 우리가 타인에게 베풀면 우주가 그것을 기억해 어떤 식으로든 베푼 사람에게 행운을 내려준다. 그리고 그 행운은 돈이나 재물일 수도 있지만, '좋은 사람'으로 나타나는 경우가 많다.

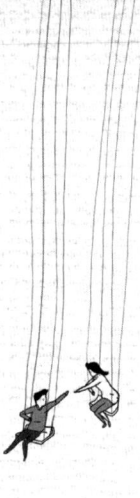

마음속에
몇 개의
의자가 있는가

관계도 와인이나 치즈 그리고 장맛과 같다. 익어가는 데 시간이 필요하며 대체로 오래될수록 가치가 올라간다. 가만히 놔둬도 저절로 익어가지만 잊지 않고 관심을 가지며 들여다볼수록 그 맛이나 향이 깊어진다.

앞서 늘 만나는 사람에게서 벗어나 딱 세 사람만 더 관계의 동그라미에 추가해보라는 이야기를 하였는데, 이렇게 말하면 새로운 관계를 만드는 것이 다른 무엇보다 중요하다는 말로 오해하는 사람들이 간혹 있다. 요즘 젊은이들이야 워낙 똑똑해서 그럴 리 없겠지만, 혹시나 하는 노파심에 '관계의 묵은 맛'에 대해 짚어볼까 한다.

동시통역사로 활동하면서 국내외에서 많은 사람들과 친분을 맺고 있는 어느 교수님께 들은 이야기다. 이분은 사람의 됨됨이를 볼 때 '삶에서 오래된 관계를 얼마나 많이 가지고 있느냐'를 비중 있게 보신다고 했다. 제법 흥미로운 관점이라 그 이유에 대해 물었더니 이렇게 대답하셨다.

"기존의 관계를 경시하는 사람들을 가만 보면 마음 속 방안에 단 한 개의 의자만 있더군요. 그러다 보니 새로운 인연이 나타나면 원래 의자에 앉아 있던 사람을 밀어내곤 합니다. 지금은 제가 그 의자에 앉아 있지만 저라고 나중에 밀려나지 말라는 법이 없지요. 저는 그런 사람이 내준 의자에는 앉고 싶지 않습니다."

들고 보니 고개가 끄덕여지는 말이었다. 나에게 더 많은 도움이 되는지 여부에 따라 새로운 관계를 늘리기에 급급한지, 아니면 오래된 관계도 소중히 여기는지에 따라 그 사람의 됨됨이까지도 판단될 수 있다는 것이다.

잡은 물고기에게 가장 좋은 것을 대접하라

사실 저 의자 이야기는 우리에게도 해당되는 이야기다. 대부분의 사람들이 새로운 관계와 오래된 관계를 무의식적으로 차별한다. 인간의 마음이 익숙한 것, 친밀한 것에는 눈이 덜 가고 새로운 것을 찾도록 설계되어 있어서 그런지도 모른다. 그래서 내 속을 허물없이 털어놓을 수 있는 사람보다는 오히려 어느 정도 격식을 차리고 만나게 되는 사람들을 더욱 중요하게 여긴다. 좋은 사람이라는 인상을 주기 위해 말과 행동을 유난히 조심하는 것은 물론 상대를 살뜰히 챙긴다.

부끄럽게도 나 역시 한때 이런 실수를 한 적이 있었다. 지금으로부터 몇 년 전의 일이다. 날마다 여러 분야의 사람들을 만나 그들의 생각을 듣고 이야기를 나누다 보니 집에서 보내는 시간이 거의 없었다. 특히 내가 나가고 들어오는 시간이 아이들은 잠들어 있을 때라, 깨어 있는 상태로 얼굴을 보는 날이 손에 꼽을 정도였다. 그래도 고등학생인 딸들은 별말 없이 넘어가 주었는데 정작 사건은 엉뚱한 곳에서 터졌다. 일요일 아침, 교회에서 사람들과 인사를 하고 있는데 초등학생인 아들 녀석이 저만치서 나를 보더니 큰 소리로 이렇게 말하는 게 아닌가?

"아빠! 오랜만이에요!"

제 딴에는 아빠 얼굴을 보는 것이 정말 반가워서 한 말이었겠지만, 남도 아니고 같이 사는 아들이 이렇게 말하니 주위에 있는 사람들이 이상하게 생각하는 것은 당연한 일이었다. 아내는 무척이나 재미있어했지만, 오해 아닌 오해를 받은 나로서는 그날만큼은 교회에서 얼굴을 들고 다닐 수가 없었다.

집에 와서 곰곰이 생각해 보니 전적으로 내 책임이었다. 사람의 소중함을 알고 함께하는 삶을 추구한다면서, 정작 내 가족에게는 소홀했던 결과가 이런 해프닝으로 나타났다는 생각이 들었다. 이후, 아들이 고등학교에 입학하고 나서 나는 하루에 한 통씩 아들에게 보내는 편지를 쓰기 시작했다. 공적인 일정으로 아무리 바쁜 일이 있어도 지금껏 단 하루도 빼놓지 않았다. 아직 정식으로 답장을 받지는 못했지만 아들과의 관계가 이전보다 더욱 깊어진 것은 물론이다. 뿐만 아니라 한 달에 한 번은 무조건 가족들과 밥을 먹으며 서로의 삶에 대해 이야기하는 시간을 갖고 있다.

이미 백 명의 사람을 가지고 있다

《논어》에는 다음과 같은 말이 나온다. '근자열 원자래(近者悅 遠者來)', 즉 가까이 있는 이들을 기쁘게 하면 멀리 있는 이들이 나를 찾아온다는 뜻이다. 만약 관계를 통해 삶을 더 좋은 방향으로 바꾸고 싶다면 지금 내 옆의 사람들에게 최선을 다해야 한다. 비즈니스 인맥과 좋은 한정식 집에 다녀왔으면 그곳을 가족이나 친구와도 다시 갈 수 있어야 한다. 이해 관계자와는 밥 한 끼를 먹어도 어디서 먹을지 고심하고 주차가 가능한지 배려하면서, 왜 정작 내 마음의 흉금을 털어놓을 수 있는 이들과는 대충 한 끼 때우는 데 그치려 하는가?

그러니 늘 대상과 상관없이 자신이 최선을 다할 수 있는 범위 내에서 시간을 내고, 밥을 먹고, 대화 나누는 것을 중요한 습관으로 들이자. 그럼 매일 만나는 사이일지라도 상대는 '이 사람에게 있어 나는 중요한 사람이구나'라는 것을 느끼며 스스로의 태도 또한 돌아보게 될 것이다.

내가 자주 쓰는 표현 중에 "이미 백 명의 사람을 가지고 있다"라는 말이 있다. 물리적인 '관계의 수'가 아닌, 사람을 '보는 관점'에 대한 이야기다. 알게 모르게 삶에서 놓치고 있는 이들, 중요하지 않다며 무시하고 있는 이들, 배려하지 않고 있는 이들을 꼽아보면 누구나 벌써 사람 부자라는 뜻이다.

관계도 와인이나 치즈 그리고 장맛과 같다. 익어가는 데 시간이 필요하며 대체로 오래될수록 가치가 올라간다. 가만히 놔 둬도 저절로 익어가지만 잊지 않고 관심을 가지며 들여다볼수록 그 맛이나 향이 깊어진다. 그러니 부디 새로운 인연과 오래된 인연을 차별하지 말자. 너비만큼이나 깊이도 중요한 것이 관계다.

배려는
나 혼자 하는 것이
아니다

배려는 가슴으로 하는 것이지 머리로 계산해서 하는 것이 아니다. 이것이 가장 중요한 조건이다. 그러므로 상대의 입장을 생각해 침묵해야 할 상황이 오면, 그 사람이 이를 어떻게 받아들일지 한 번만 더 고민해보자.

나는 분명 배려를 한 것 같은데 상대방은 그렇게 생각하지 않을 때가 있다. 내 딴에는 신경 써서 한 배려인데 상대의 반응이 내 예상과 전혀 다르게 나타나면, 그것이 나에게 서운함으로 돌아오고 관계에 금이 가기도 한다.

'이런 말은 그에게 상처가 될 수 있으니 하지 말자', '그냥 모르는 척하고 있어야지'라는 식으로 상대를 배려한답시고 말을 아꼈을 경우, 상대의 반응은 크게 두 가지로 나뉜다. 하나는 '정말 이 친구가 나를 배려해서 말을 아끼는구나'라는 고마움이고, 다른 하나는 '나랑은 그 사안에 대해서 말도 하기 싫다는 건가?'라는 식으로 나타나는 서운함이다. 그렇다면 왜 상대는 나의 배려를 배려로 받아들이지 못하는 걸까? 그의 심보가 꼬여서일까?

내가 보기에는 배려의 기준이 무엇인가에 따라 그 결과가 달라지는 게 아닐까 한다. 기본적으로 배려는 하는 사람보다 받는 사람을 기준으로 이루어져야 하는 것이 맞다. 그렇기에 배려는 가슴으로 하는 것이지 머리로 계산해서 하는 것이 아니다. 이것이 누군가를 배려하고자 할 때 전제되어야 하는 가장 중요한 조건이다.

그러므로 혹시라도 상대의 입장을 생각해 침묵해야 할 상황이 온다면 그 사람이 이를 어떻게 받아들일지 한 번만 더 고민해보자. 확실히 마음에서 우러나온 생각을 주고받게 되면, 설사 그것이 불편한 사안일지라도 관계가 삐거덕거리는 것을 최대한 막을 수 있다. 더불어 일방적으로 침묵을 선택하기보다는 상대가 수용할 때까지 기다려주는 방식을 권하고 싶다. 그런 다음 "괜찮아", "기다릴게"처럼 짧지만 마음이 느껴지는 메시지를 보내면 상대도 나의 진심어린 마음을 스스럼없이 받을 수 있을 것이다.

자그마한 것도
그 사람의 눈으로

배려에 대해 엇갈리는 마음이 나타나는 이유가 여럿 있겠지만, 내가 학교에서 가르치는 학생들이나 나와 함께 사는 세 명의 청춘들을 보니 다음과 같은 상황에서 상대의 마음을 헤아리지 못해 갈등이 생기는 것 같다. 즉 어느 한쪽이 확실하게 잘못했다기보다는, 이쪽은 나름대로 머리 써서 배려했는데 저쪽은 가슴으로 배려받기 원하다 보니 벌어진 오해가 대부분이었다. 특히 '밀물'과 '썰물'의 상황일수록 오해하기가 쉬운 것 같다.

    칼릴 지브란은 "친구에게는 당신의 밀물과 썰물의 시기를 알리십시오"라는 시구를 남긴 적이 있다. '썰물'의 시기, 그러니까 취업이나 시험 준비 또는 회사 업무 때문에 집중이 필요해 주변인들에게서 한 발짝 물러나있는 시기를 말한다. 이렇게 주변인들에게 신경 쓰지 못하는 상황에 놓였을 때 그에 대해 미리 알리는 것도 상대에게 할 수 있는 작은 배려다. 여기에 거창한 노력이 드는 것도 아니다. SNS나 카카오톡 프로필에 지금 본인이 처한 상황과 연락이 되지 않는 이유, 언제까지 이 상황이 계속되는지만 공지해 놓아도 충분하다.

    다음으로 취업, 승진, 결혼처럼 좋은 일이 나타나는 이른바 '밀물'의 시기가 있다. 이런 소식을 알릴 때는 나쁜 소식을 전할 때보다 배로 신중해야 한다. 편리하다는 이유로 모두가 볼 수 있는 SNS에 소식을 알려 축하를 받는 경우가 많은데, 이 경우 당사자에게 직접 소식을 듣기를 원했던 사람에게는 서운함을 심어줄 수 있다. 자신은 개별적으로 연락받을 만한 사이라고 생각했는데, 당사자와 덜 친한 사람들과 동일한 방식으로 소식을 들었다는 것에서 배려 받지 못했다는 감정이 들 수 있기 때문이다.

그러므로 불특정 다수에게 빨리 좋은 소식을 알리고 싶더라도 조급한 마음을 잠시 누르고 그동안 자신을 기다려 준 이들에게 전화로 혹은 직접 만나 소식을 전하자. 그래야만 앞으로 함께 걸어갈 내 사람들에게 진심 어린 축하도 받을 수 있으며, 자신 또한 상대에게서 동일한 마음 씀씀이를 기대할 수 있다.

다시 한 번 강조하지만 내 입장을 기준으로 생각하고 행동하는 것은 배려가 아니다. 나의 말을 듣는 사람, 내 행동의 결과를 받는 사람을 시작점에 두는 것이 상대의 심장에 반응을 일으키는 진짜 배려다.

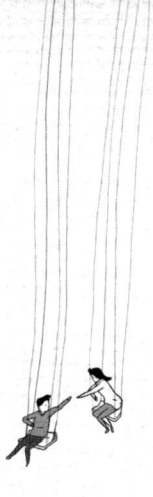

SNS, 그리고 너와 나

아무리 간편해도 반드시 생각하고 넘어가야 하는 과정들이 있는데, 그것이 지켜지지 않아 문제가 생길 때가 많다. 그래서인지 평소에는 사려 깊은 사람들도 희한하게 SNS에만 접속하면 언행이 가벼워지는 것을 볼 수 있다.

불과 얼마 전까지만 해도 SNS만큼 획기적인 발명품이 없다며 칭찬일색이었던 것 같은데, 언제 그랬냐는 듯이 이제는 SNS의 역기능이 강조되고 있다. 별 것 아닌 것 같은데도 묘하게 신경 쓰이는 것이 피곤하고 불필요한 오해를 사는 일도 많아 SNS에서 탈출한다는 사람들도 늘어나고 있다. 그럼에도 여전히 SNS가 사람과 사람을 이어주는 연결의 도구로 인식되는 만큼 이에 대한 이야기를 해볼까 한다.

SNS가 우리 삶에서 이렇게 강력한 영향력을 행사하게 된 까닭은 단연 그 편의성 덕분이다. 사람에게는 알게 모르게 '구두쇠' 기질이 있다. 어떤 대상이나 사물에 관한 정보를 얻을 때 가능하면 최대한 적은 노력을 들이고 싶어 하는 속성을 말한다. 그런데 이 SNS야말로 우리의 구두쇠 기질을 충분히 보상해준다. 클릭 한 번으로 한 사람의 근황, 관심사, 가치관 등을 죄다 훑어낼 수 있으니 이만한 저비용 고효율 시스템이 어디 있겠는가?

아이러니한 것은 이 편의성이 관계를 허무는 결정적인 요소로 작용할 수 있다는 사실이다. 아무리 간편해도 반드시 생각하고 넘어가야 하는 과정들이 있는데, 그것이 지켜지지 않아 문제가 생길 때가 많다. 편리하고자 하는 욕구와 그러면서도 외롭고 싶지 않은 욕구, 이 두 가지가 충돌하는 공간이 SNS인 것이다. 그래서인지 평소에는 사려 깊은 사람들도 희한하게 SNS에만 접속하면 언행이 가벼워지는 것을 볼 수 있다.

딱 한 번만 더 생각하자

30대 남성인 유석 씨는 나와는 가끔 안부를 주고받는 페이스북 친구 사이이다. 하루는 유석 씨의 계정에 들어갔다가 그의 친구가 남긴 게시물을 보게 되었다.

"너 요즘도 계속 야근이냐? 고생 많다! 어제 동기 모임 나갔더니 경준이 이번에 P그룹에 들어갔다고 하더라. 대단하지 않냐? 언제 또 준비해서 이직을 했나 몰라!"

이 글 밑으로는 "우와 대박!", "신입사원 연수 들어가서 어제 안 나온 거구나" 등 하나같이 경준이라는 친구를 부러워하는 댓글들이 줄줄이 달려 있었다. 그런데 쭉 읽다 보니 내 눈에 댓글

하나가 들어왔다. 유석 씨가 댓글 맨 밑에 "야! 꼭 이런 걸 내 페북에 와서 알려줘야 하냐? 나랑 경준이랑 사이 안 좋은 거 알면서"라고 써놓은 것이다. 그러자 처음 그 소식을 부리나케 남긴 친구는 "난 그냥 알고 있는 걸 전했을 뿐이야. 화났다면 미안"이라며 댓글을 달아 놓았다.

먹고 사는 문제가 쉽지 않아서인지 대학생들뿐만 아니라 이미 사회에 진출한 직장인들 사이에서도 누가 어디로 이직을 했으며 연봉을 얼마나 높여서 갔고, 무슨 시험에 붙어서 회사를 그만뒀다는 소식이 심심치 않게 전해진다. 좋은 의도로 그것들을 전하는 것을 가지고 뭐라고 할 수는 없을 것이다. 그러나 이런 글을 볼 때마다 SNS에서 우리가 얼마나 생각을 '덜어서' 말하고 있는지, 또한 그 과정에서 관계의 고리가 어떻게 취약해지는지를 진지하게 생각해봐야 하지 않을까.

세 사람만 모여도 그중 한 사람은 중재자 역할을 하게 되는데, 이때 중재자라면 관계의 거리를 고려하며 조절해 나가지 않으면 안 된다. 이쪽과 저쪽 모두의 근황이나 정보를 알고 있는 위치에 있기 때문이다. 즉 A에게 일어난 일을 별 생각 없이 B에게 전했다가 둘 사이의 관계에서 생각지도 못한 결과가 나타날 수 있다는 소리다. 그렇기에 "나는 단지 알고 있는 것을 전했을 뿐이야"라고 말하는 것은 다소 무책임한 변명이다. 생각 없이 전하는 것이야말로 관계에서는 중죄가 될 수 있다.

만약 유석 씨와 친구가 직접 만나 이야기를 하고 있었다면 그래도 위와 동일한 결과가 나타났을까? 그렇지 않았을 것 같다. 가만 보면 오프라인에서는 한 템포 늦춰서 상대의 입장을 생각하고 안색을 살피며 어떤 내용을 전달하는 데 비해, 온라인에서는 이 과정이 송두리째 생략된다. 지금 이 순간 눈앞에 보이는 상대와 이야기하는 것이 아니기 때문에 그만큼 상대를 덜 배려하게 되고, 그러다 보니 서로가 불편해지는 이상한 악순환이 나타나는 것이다.

사실 누군가와 관계를 맺는다는 것은 '품이 많이 드는' 행위이다. 즉 시간과 노력, 비용을 투자하지 않고서는 관계를 맺고 발전시키는 것이 어렵다는 말이다. 그런데 앞서 말했듯이 SNS에서는 편의성에만 집중하다 보니 사람을 대할 때 고려해야 할 다른 모든 것은 한순간에 잊어버리게 되는 것이다.

그러니 SNS를 활발하게 사용하고 있다면, 그것을 통해 누군가와 소통함으로써 얻을 수 있는 득과 그러기 위해 들여야 하는 수고를 나란히 놓고 생각해보자. 타인과 연결되고 싶은 욕구가 손쉽게 실현된다는 것이 취할 수 있는 이득이라면, 그 과정에 신중함을 동반하는 건 마땅히 들여야 할 수고이다. 이득과 대가를 균형 있게 가져갈 수 있을 때 이 바쁜 세상에서 SNS를 통해 '제대로' 끈끈하게 맺어질 수 있을 것이다.

이것만큼은
양보하지 않기를

재미있는 조사 결과가 있다. 영국의 픽스마니아가 조사한 바에 따르면 타인에게 사랑하는 마음을 전달하기 위해서는 통화가 30회, 이메일은 37회, 문자는 163회가 필요하다고 한다. 같은 목적을 위해 페이스북 메시지와 트위터 메시지는 각각 70개와 242개 이상을 주고받아야 한다. 그러므로 통화 한 번 할 때 페이스북에 다섯 번 정도는 글을 남겨야 동일한 친밀도가 나오게 된다는 것이다. 아무리 간편하고 손쉬운 소통 수단이 나온다 해도, 결국 친밀해지는 데 있어 얼굴을 직접 보는 것만 한 방법은 없다는 사실을 보여주는 것이 아닐까.

요즘은 곳곳에 다양한 카페가 있지만 내가 대학을 다닐 때만 해도 대학로에 위치한 학림다방이 가장 인기 있는 장소였다. 그래서 지금도 동창들과 모이면 빠짐없이 나오는 화제가 바로 학림다방에서 있었던 에피소드들이다. 세월이 지나 각자 살아가는 모습이 조금씩 달라져 있지만, 그럼에도 이런 추억이 사람들 사이의 거리감을 얼마나 좁혀주는지 모른다. 그러니 지금의 젊은 이들 또한 세월이 지나도 만남의 추억을 공유할 수 있는 그 '특권'을 SNS에 쉽사리 내주지 않았으면 좋겠다.

톨스토이는 《살아갈 날들을 위한 공부》에서 "식사를 준비하고 집을 청소하고 빨래를 하는 일상적 노동을 무시하고서는 훌륭한 삶을 살 수 없다"라는 말을 남겼다. 별 가치 없어 보이는 일상의 행위들이 실은 그 무엇보다도 우리 삶에 영향을 미친다는 뜻이 아닐까. 나는 이 말을 관계에도 동일하게 적용할 수 있다고 생각한다. 겉만 번드르르한 피상적인 관계가 아니라 정말 알토란 같은 관계를 맺고 싶다면 귀찮아도 '만남'이라는 수고가 동반되어야 하니 말이다. 그러니 오늘 하루만큼은 컴퓨터를 끄고, 스마트폰을 집어넣고, 소중한 이들을 만나러 가보자.

그래도
맨 얼굴이
아름답다

지금까지 이런저런 사람을 만나면서 얻게 된 한 가지 통찰이 있다. 바로 관계에서는 그 어떤 것도 진실함을 이길 수 없다는 사실이다. 그래서 부족해도 진실한 내 모습이 상대 앞에서 보일 수 있는 최고의 스펙이 된다.

청춘은 밥보다 자존심을 먹고 사는 세대다. 가끔 어른들이 자존심이 밥 먹여주냐며 혀를 차기도 하지만, 청춘의 주식(主食)이 자존심이라는 것을 모르고서 하는 소리다. 그만큼 자존심은 사람을 일으켜 세우는 존재다.

자존심은 스스로가 느끼는 자신의 가치나 긍지와 연결되어 있다는 점에서 긍정적인 요소다. 문제는 다른 사람보다 조금 부족한 모습, 처지는 모습을 보이는 것이 자존심 상하는 일이라고 여기는 자세다. 남보다 부족한 부분, 뒤떨어진 모습을 보이기 싫다는 마음에 종종 진실한 내 모습이 아닌 일종의 가면을 쓰기도 한다. 가면을 쓴 채로 남들보다 떨어지는 부분은 두껍게 화장을 해 감추기도 하고, 나에게만 없어 보이는 부분은 열심히 그려 넣기도 한다. 그런데 그렇게 가면을 쓰고 나타나면 다른 사람이 보는 내 모습이 아름다울까? 오래오래 건강한 관계를 맺는 데 있어 긍정적으로 작용하게 될까?

진실함이
모든 것을 이긴다

뭐 하나라도 나보다 나은 환경에 있는 사람에게 내 부족함을 솔직하게 말하는 것은 쉽지 않은 일이다. 부족한 점을 밝히는 순간 나를 보는 상대의 시선이 달라지는 것을 경험한 적이 있다면 더더욱 그렇다.

나 또한 지난 50년 동안 끊임없이 이 문제와 부딪혀 왔다. 부산에서 활동하던 내가 서울에 와서 같은 테이블에 앉은 사람들을 보니, 하나같이 명문대 출신에 사법고시는 기본이고 행정고시는 덤으로 통과한 엘리트들이었다. 가난한 집에서 태어나 고학 끝에 유학을 다녀와서 지방대 교수가 된 나의 이력은 입 밖으로 꺼내기조차 어려웠다. 자기소개를 할 때 나는 동서대학교 교수라고 인사를 했는데 나중에 들으니 나는 그냥 '지방대 교수'일 뿐이었다. 이처럼 어떤 부분을 견주어도 나보다 대단한 분들과 함께 일을 해나가려니 나로서도 죽을 맛이었다. 이후로도 동일한 상황은 반복되어 어디를 가나 나는 지방대 교수였고, 내세울 것 없는 스펙의 소유자였다.

나보다 훨씬 잘난 사람들과 한 테이블에 앉았을 때 처음부터 조금도 기가 죽지 않았다면, 주눅이 들지 않았다면 거짓말일 것이다. 하지만 살아오면서 자신의 부족함을 거짓으로 가리는 사람들이 결국에는 어떻게 가라앉았는지를 보았기에, 나는 굳이 숨기려고 애쓰지 않고 있는 그대로의 나를 보여주고자 했다. 외적인 스펙이 부족한 대신 다른 사람들의 말에 좀 더 귀 기울이려 했고, 뛰어난 이들이 각자의 의견을 내세우며 다투고 갈등할 때 중재자 역할을 자처했다. 그러다 보니 결과적으로 '잘 들어주고 자기 의견만 내세우지 않는 사람'이라는 평판을 얻게 되었고, 그러면서 다양한 중책을 맡을 수 있었다.

그래서 나는 남보다 못하다고 느끼는 것이 많을수록 "나는 어떤 사람인가?", "나의 강점은 무엇인가?"라는 질문의 답을 찾아보라고 말한다. 언젠가는 드러날 가면과 거짓으로 어떻게든 빈자리를 가리기보다는 오히려 약점을 강점으로 채워보라는 것이다. 우리는 저명인사들이 자신의 학력을 그럴듯하게 포장하였다가 뒤늦게 사실이 밝혀져 곤욕을 겪는 일을 심심찮게 보게 된다. 이럴 경우 세상 모든 사람 앞에서 거짓이 들통나는 것도 부끄러운 일이지만, 무엇보다 가까운 사람들과의 관계도 흔들릴 수 있다. 상대로 하여금 '혹시 나에게 보여줬던 다른 부분도 거짓인

건 아닐까'라는 생각을 하게 만들 수 있기 때문이다. 아주 작은 믿음이라도 흔들리는 순간, 사람과 사람의 사이에도 금이 가기 시작한다. 지금까지 이런저런 사람을 만나면서 얻게 된 한 가지 통찰이 있다. 바로 관계에서는 그 어떤 것도 진실함을 이길 수 없다는 사실이다. 그래서 부족해도 진실한 내 모습이 상대 앞에서 보일 수 있는 최고의 스펙이 된다.

순간의 자존심보다
먼 곳을 봐라

자신을 감추고 싶어 겹겹이 담을 쌓은 채 타인과 관계를 맺으면 본인은 물론 상대도 그 무게를 함께 짊어져야 한다. 이상하게 특정인만 만나고 들어오면 몸이 뻐근하고 유난히 힘이 든다는 느낌을 받은 적이 한 번쯤 있을 것이다. 나역시 집에 들어온 뒤 '오늘은 다닌 곳도 별로 없는데 왜 이렇게 피곤하지?'라는 생각이 들 때마다 그 이유를 곰곰이 생각해 보았는데 답은 하나였다. 그날 만난 상대가 방어벽을 겹겹이 쌓는 유형이라 그 사람을 파악하기 위해 내 모든 에너지를 사용했기 때문이다. 성을 두텁게 쌓는 사람은 감춘 것이 들킬까 무서워 한 번 더 장벽을 친다. 그러면 그 사람이 말하는 것이 진짜인지 가짜인지 알아내기 위해 상대는 온 힘을 끌어낼 수밖에 없다. 생각만 해도 얼마나 피곤한가.

또한 한 번 거짓말을 하거나 들키고 싶지 않은 모습을 싸매기 시작하면 별 일 아닌 일도 자꾸 숨기기 위해 방어벽을 점점 두텁게 쌓게 된다. 그리고 이것이 습관이 되면 결국에는 혼자 있을 때조차 '있는 그대로의 자신'과 만날 수 없게 된다. 그동안 자신이 쌓은 벽의 두께만큼, 맨 얼굴의 자신과 멀어지기 때문이다.

이처럼 자신과도 멀찌감치 떨어져 있는데 어떻게 타인과 편하게 관계를 맺을 수 있을까? 그러니 거짓말로 혹은 얕은 수로 자신을 포장하려는 마음은 애초부터 자리 잡지 못하게 하자. 순간적인 자존심은 지키고 자신을 '있어 보이게' 만들 수 있을지는 몰라도, 결국에는 이것이 지금 내 곁의 소중한 이들을 떠나가게 만드는 지뢰가 될 수 있다.

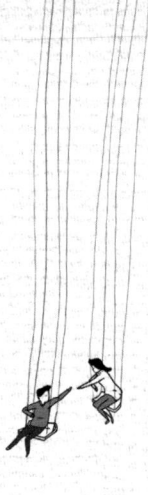

평판은
남이 써주는
자기소개서다

한 다리 건너면 다 아는 좁은 사회일수록 평판은 결정적이다. 그런데도 언제 어디서 만날 줄 모르고 다시는 안 볼 사람처럼 행동했다가, 훗날 그것이 결정적 순간에 부메랑처럼 돌아와 그 사람을 쳐내는 모습을 보게 되곤 한다.

학교에 몸담고 있어서인지 지인들로부터 주변에 참하고 쓸 만한 인재 없느냐는 문의를 자주 받는다. 이때 물어본 사람이 누구든 간에 공통적으로 가장 먼저 던지는 질문이 있다.

"이 친구, 주변 평가가 어때요?"
"김 교수라면 이 친구와 함께 일하고 싶은가요?"

그 친구의 능력이 어떤지, 스펙이 어떤지보다는 평판이 어떤지를 가장 궁금해하는 것이다. 평판에는 언행, 인품, 성격, 가치관, 일하는 스타일, 성과 등 한 사람에 대한 거의 모든 것이 담겨 있다고 해도 과언이 아니다. 그러다 보니 사회에서 평판의 영향력은 절대적이다. 평판은 아무 상관없어 보이는 영역에서조차 강력한 힘을 발휘한다. 예를 들어 기업의 덩치가 커져서 증권시장에 상장을 할 때도 CEO의 평판을 평가하는 항목이 있을 정도다.

하물며 사람을 볼 때 평판을 고려하는 것은 당연하다. 기업에서 인재를 채용할 때, 특히 경력자를 뽑을 때일수록 능력만큼이나 평판을 중요하게 여긴다. 지원하는 사람, 물망에 오르는 사람의 능력이 엇비슷하다 보니 결국에는 평판이 열쇠가 되는 것이다. 혹여 영화 속 주인공처럼 주변을 압도하는 탁월한 능력을 지녔다 하더라도 주변의 평가가 좋지 않으면 뭔가 문제가 있는 사람으로 바라본다. 혼자 하는 일보다 함께하는 일이 많은 조직 사회인 만큼, 능력은 평이해도 오히려 말과 행동에서 좋은 평가를 받는 사람이 조직에도 긍정적이라고 보는 것이다.

평판은 다시 돌아오는 부메랑이다

금융권에 종사하는 그녀와 인연을 맺게 된 것은 그녀가 일하는 연구소 강연장에 내가 연사로 나서게 되면서였다. 당시 그녀는 그 회사의 부사장이 진두지휘하는 특별 프로젝트팀, 그러니까 태스크포스에 들어가게 되었다고 했다. 경력직으로 입사한 지 6개월도 안된 그녀가 태스크포스에 들어가자 사내에서는 이를 두고 말들이 많았다. 자신도 이유를 모른 채 그저 상사의 지시를 따른 것이었지만, 동료들 사이에서 이런저런 말이 돈다며 그녀는 괴로운 심정을 토로했다.

6개월 정도 지나 그녀를 다시 만났는데 얼굴이 밝아져 있었다. 사내에서 떠돌던 오해가 불식되었다는 것이다. 그녀의 말에 따르면 이전 직장에서 모신 상사와 지금 회사의 부사장이 막역한 사이라고 했다. 그녀가 지인의 회사로 이직하는 것을 알게 된 전 상사가 지금의 부사장에게 '그녀가 조금 까다로운 성격이긴 해도 맡은 일은 확실하게 끝내는 사람'이라는 말을 전한 것이다.

평판은 이처럼 어딜 가든지 따라붙는 주홍글씨와 같다. 좋은 평판이든 나쁜 평판이든 그 자체로 큰 결과를 낳는다. 순간적인 감정 때문에 함부로 화를 내지 말라고 하는 것은 바로 이 때문이다. 요즘 젊은 친구들을 보니 이곳을 그만두면 다른 곳으로 가면 된다며 대수롭지 않게 생각하는 경우가 많다. 하지만 문제는 옮긴 다음에 시작된다. 위의 사례처럼 본인의 과거가 묻히기는커녕 새롭게 들어온 곳에까지 따라와 직접적으로 관여하기 때문이다. 흔적 없는 리셋의 기회가 사라진 세상이 된 것이다.

특히 한 다리 건너면 다 아는 좁은 사회일수록 평판은 결정적이다. 그런데도 많은 젊은이들이 이 사실을 모르고 있다. 살아가는 동안 언제 어디서 만날 줄 모르고 다시는 안 볼 사람처럼 행동했다가, 훗날 그것이 결정적 순간에 부메랑처럼 돌아와 그 사람을 쳐내는 모습을 보게 되곤 한다. 그래서 사회 초년생이든 조직에 익숙해지는 3년차든 평판 관리는 연차에 상관없이 평생 따라다니는 과제가 된다.

그럼 어떻게 해야 긍정적인 평판을 만들 수 있을까? 일상에서 접하는 관계 하나하나가 평판을 맞춰나가는 퍼즐이라는 것을 명심하자. 어떤 순간이든, 말과 행동을 하기 전에 한 번 더 생각해볼 것을 권한다. 이때 꼭 기억해야 할 점은 '진심'을 잊지 말라는 것이다. 가만 보면 "아니, 쟤는 뭐 특별한 것도 없는데 어딜 가나 저렇게 사랑을 받지?"라는 생각이 들게 하는 사람이 있다. 이유는 간단하다. 남의 말에 반응을 할 때든 칭찬을 할 때든 혹은 거절을 할 때조차도 두 번 세 번 생각하고 진심을 담아 반응하기 때문에 그렇다. 내 주변의 CEO는 물론이고 기업에서 인사 실무자나 중간 관리자로 일하는 지인들의 말에 의하면, 젊을수록 그의 언행이 진심인지 아닌지는 대략 6개월 만에 판가름된다고 한다. 속마음까지도 그런 것인지, 겉으로 보기에만 그런 것인지가 눈에 훤히 보인다는 것이다.

그러므로 다른 사람이 보기에 예의 바르고 사려 깊게 행동하는 것만큼이나 진심을 담아 행동하는 것이 중요하다. 말 한마디를 하더라도 지금 하려는 말에 마음이 담겨 있는가를 생각하는 습관을 들이자. 까다롭게 굴더라도 상대를 생각하는 마음이 온전히 담겨 있으면 주변의 평가가 나쁠 수가 없다. "아무개가 성격이 까칠해도 딴소리는 하지 않는 사람이야", "호불호가 정확해서 그렇지 배려할 때는 진심으로 배려해"처럼 결과적으로 함께 하고 싶은 사람이라는 평가야말로 우리가 얻을 수 있는 최고의 평판이 아닐까?

돈이나 권력이 우리 삶을 1센티미터 정도 움직인다면 평판은 10미터, 50미터, 100미터를 움직이게 만든다. 그러니 평판을 가볍게 여기지도 무시하지도 말자. 진심이 관계를 빛나게 하고 빛나는 관계는 훌륭한 평판을 낳는다.

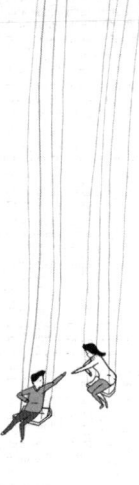

선택에도
수준이
있다

자신의 이익만 놓고 이것저것 재는 것은 누구나 할 수 있는 선택이다. 반면에 '저 사람까지 같이 웃게 하려면 어떤 선택을 해야 할까?'를 고민하는 것은 한 차원 높은 선택이다. 후자를 택할 경우 당연히 관계는 굳건해진다.

우리는 '선택'이라고 하면 개인의 삶으로 한정해서 생각한다. 나 좋자고 선택하는 건데 당연히 나만 좋으면 되는 거 아니냐며 의아해하는 사람도 있을 것이다. 하지만 이는 선택을 지나치게 좁게 바라보는 관점이다. 나의 선택이라도 다른 이에게 혹은 사회 전체에 알게 모르게 영향력을 끼치는 경우가 많다. 또한 어디에 중점을 두고 선택을 하느냐에 따라 나와 타인의 관계도 이쪽으로 갈 수도 있고 저쪽으로 갈 수도 있다.

만약 누군가에 대해 알고 싶다면 그 사람이 하는 선택의 내용을 보면 된다. 선택에는 평소 그가 지닌 신념이 반영되기 마련이고, 나중에 당신과 관련된 선택을 하게 될 때도 크게 다르지 않은 방향으로 선택하기 때문이다. 그렇기에 돈보다 사람을 앞에 두는 이, 나만큼이나 상대의 이득도 중요하게 여기는 이에게는 좋은 사람들이 찾아오게 되어 있다. 그리고 그것은 나와 상대 모두의 성장으로 이어진다. 그럼 어떻게 해야 사람을 부르는 선택을 할 수 있을까?

앞 자리에 둘 것과 다음 자리에 둘 것을 구분하는 지혜가 필요하다. 그리고 당연히 앞 자리에는 그 무엇보다도 사람이 와야 한다. 그것이 멀리 보는 선택의 지혜다.

나에게만 좋은 선택
남에게도 좋은 선택

"문 회장! 이디야가 이 정도 자리 잡았으면 중심 상권을 욕심 내볼 만하지 않아?"

"형님, 저라고 왜 중심 상권에 욕심이 안 나겠습니까? 하지만 그러면 저야 좋지만 가맹점들이 힘들어집니다."

"음, 아무래도 상권이 좋으면 임대료가 올라가니 힘들어지겠네?"

"네, 그리고 중심 상권에 매장을 열면 바로 맞은편에서 똑같이 매장을 내겠다고 달려드는 사람이 생겨납니다."

"그렇게 되면 같은 식구끼리 싸우는 형국이니 그건 피해야 한다는 말이지?"

"맞습니다. 그건 저희가 지향하는 방향이 아닙니다. 같이 살아야지요."

나와 호형호제하며 지내는 이디야커피의 문창기 회장과 나눈 대화다. 보통 CEO들은 사업이 어느 정도 자리를 잡으면 자신이나 회사의 이익을 가장 중요하게 여긴다. 다른 사람들이야 어떻게 되든 내 알 바 아니라는 이들도 많다. 하지만 문 회장은 다르다. 어떠한 결정을 내리든 사람을 가장 앞에 두고 생각하는 것은 문 회장의 버릇 아닌 버릇이다. 그의 세상에서는 사람이 참 중요하다. 그래서인지 그는 돈을 버는 것도 중요하지만 사람들을 웃게 만들겠다는 확고한 의지를 가지고 있다. 마케팅 비용은 빼고 질 좋은 커피로 고객을 기쁘게 하며, 직원들의 의욕이 솟아나도록 복지에 힘쓰고, 길 건너 같은 매장이 들어서지 않도록 가맹점을 배려하고 싶다는 말을 달고 산다. 그리고 실제로도 그 다짐을 지킨다.

이처럼 사람을 가장 우선에 두다 보니 그의 곁에는 좋은 사람들이 모여든다. 그러면 성과가 나쁠 수가 없다. 이디야커피가 국내 브랜드로는 최초로 1,000개가 넘는 매장을 열어 뻗어나갈 수 있었던 것도, 가맹점들이 문을 닫는 비율이 1%밖에 되지 않는 것도 사람 냄새 나는 그의 경영 철학 덕분일 것이다.

사회생활을 시작하고 연차가 쌓여 주요 직책을 맡게 되면 정해진 날짜에 각자에게 맡겨진 성과를 창출해야 한다. 그런데 이 과정에서 사람은 없고 숫자만 남는 일이 비일비재하게 일어난다. 성과나 실적 같은 경제적 측면을 우선순위에 놓다 보니 사람은 밀려나게 되는 것이다.

만약 사람을 제쳐두고 이익만 추구한 결과 좋은 실적을 얻었다면 사회가 이를 긍정적으로 봐줄까? 그렇지 않다. 정작 누군가를 평가할 때는 그가 다른 사람에게 어떻게 행동했으며 어떤 길을 거쳐 이 결과에 이르렀는가를 따져 묻기 때문이다. 이것을 이해하지 못하면 아무리 실적이 뛰어나도 훗날 인품이 '밀린 채무 상환'을 요구해 올 때 그대로 무너질 수 있다. 유명 인사들이 스캔들에 휩싸였을 때, 어떤 사람은 이를 극복하고 살아남는 반면 어떤 사람은 그대로 묻히기도 한다. 사람을 가장 앞에 놓고 선택하는 습관을 들여온 사람에게는 반박할 기회가 주어지지만, 그렇지 않은 사람은 '내가 너 그럴 줄 알았다'라고 당연히 여기며 아무도 손을 빌려주지 않기 때문이다.

자신의 이익만 놓고 이것저것 재는 것은 누구나 할 수 있는 선택이다. 반면에 '내가 이 선택을 하면 누가 손해를 볼까?', '저 사람까지 같이 웃게 하려면 어떤 선택을 해야 할까?'를 고민하는 것은 한 차원 높은 선택이다. 후자를 택할 경우 당연히 상대와 나의 관계는 굳건히 뿌리를 내리게 된다. 그렇기에 어떤 선택이 현명하냐고 묻는다면 무엇보다 사람을 앞자락에 두라고 이야기하고 싶다. 사소한 부분에서조차 사람을 먼저 생각하고 선택하는 습관, 이것이야말로 지금 우리에게 가장 필요한 자세다.

어리석은 사람은 인연을 만나고도 몰라보고,
보통 사람은 인연인 줄 알면서도 놓치고,
현명한 사람은 옷깃만 스쳐도 인연을 살려낸다.

- 피천득

PART 3

만나고, 겪어내고, 성장하라

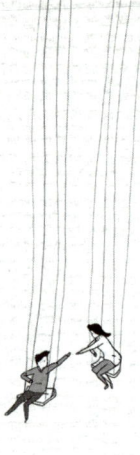

결코
가볍지 않은
사소한 문제들

'이 정도는 내가 참자', '별 것도 아닌데 이야기해서 분위기 망치지 말자'라는 생각으로 넘어가다가도 상대가 같은 행동을 반복하면 서운함이 분노로 변신하게 된다. 한 줌 눈덩이에 불과하던 서운함이 눈사람처럼 불어나는 것이다.

"교수님도 사람과 만나다 보면 서운하거나 화나는 일이 있으시죠? 그럴 때는 어떻게 푸세요?"

이 질문을 언제쯤이면 그만 받을 수 있을까? 참으로 희한하다. 관계에 대해 궁금한 것을 질문하라고 하면 좋은 관계를 맺는 노하우보다 쌓인 갈등을 잘 해소하는 방법에 더 많은 관심을 나타낸다. 그만큼 갈등이 타인과 함께하는 동안 피할 수 없는 문제라는 뜻일 것이다.

타인과 나 사이에서 갈등이 생기는 데는 여러 이유가 있겠지만, 뭐니 뭐니 해도 무서운 것은 오랜 시간에 걸쳐 조금씩 쌓여 온 묵은 갈등인 것 같다. 화가 난 것까지는 아닌 '조금 서운한 상태'가 지속되어 오다가 어느 순간 이를 폭발하듯이 상대에게 내보이게 되는 것이다.

그러면 잠자고 있던 서운함이 갈등으로 표출될 때는 언제일까? 다양한 상황이 있겠지만 나는 주저 없이 '사소한, 그러나 내 마음을 불편하게 하는 일이 반복될 때'를 꼽는다. 민망할 정도로 사소하지만 계속해서 내 마음을 콕콕 찔러 불편하게 만드는 것, 그것이 상대와 나 사이를 멀어지게 만드는 진짜 범인이다.

'요 작은 것'이
문제다

"거대한 숫자는 감당하지 못하고, 사소하고 개별적인 것에 감동을 느낀다."

노벨문학상을 수상한 시인 비슬라바 쉼보르스카가 쓴 〈거대한 숫자〉의 일부다. 이 시구처럼 인간관계를 날카롭게 통찰한 표현이 있을까. 사소하고 개별적인 것에서 감동을 느낀다는 말은 곧 분노나 실망 또한 같은 곳에서 나온다는 말이기 때문이다.

흔히 작은 일로 서운함을 토로하는 사람을 보면 "뭘 그런 걸 가지고 꽁해 있고 그래요?"라는 말을 대수롭지 않게 던지곤 한다. 하지만 생각해보면 입 밖으로 꺼내기에 부끄러운 요 작은 일이 반복되면서 상황이 달라진다.

한 번은 이런 일이 있었다. 평소 잘 알고 지내는 분이 만날 때마다 10분씩 늦곤 했다. 어쩌다 한두 번도 아니고 나를 볼 때마다 늦는 일이 반복되니 나도 조금씩 화가 나기 시작했다. 이대로는 안 되겠다 싶어 하루는 내가 30분 늦게 약속 장소로 향했다. 만나기로 한 카페에 도착했더니 아니나 다를까, 그의 얼굴이 잔뜩 부어 있었다. 하지만 본인은 늘 지각했고 나는 처음으로 늦은

터라 나에게 대놓고 뭐라고 하지도 못하는 눈치였다. 자리에 앉자마자 지각한 일에 대해 사과를 건넸더니, 그도 깨달은 바가 있는지 이후로는 약속 시간에 늦지 않았다.

사람 마음이라는 것이 그렇다. 처음에는 '그래 이 정도는 내가 참자', '별 것도 아닌데 괜히 이야기해서 분위기 망치지 말자'라는 생각으로 넘어가다가도 상대방이 같은 행동을 반복하면 서운함이 분노로 변신하게 된다. 한 줌의 눈덩이에 불과하던 서운함이 마치 눈사람처럼 불어나는 것이다. 나 역시 그분이 약속 시간에 늦은 것이 한두 번이 아니었음에도 처음에는 1만큼 서운했던 것이 어느새 10으로, 나중에는 10에서 100으로 커지는 것이 느껴졌다. 한 번은 그럴 수도 있다고 생각하지만, 두 번 이상 반복되면 '이 사람은 나에 대해 성의가 없구나'라는 마음의 문제로 간주되기 때문에 화가 나는 것이다.

그래서 나는 "걔는 별 일도 아닌데 일을 크게 만들어요"라는 식으로 말하는 사람에게 넌지시 알려준다. 관계에서는 사건의 크기보다 빈도가 중요하다고 말이다.

꼬이기 전에
풀어야 한다

그렇다면 언제 상대에게 불편한 내 마음 상태를 표현하는 게 좋을까? 이전에는 문제 삼지 않던 상대의 행동거지 하나하나에 집착하고 있는 자신을 발견하면, 그때는 벌써 늦은 때다. 이미 자신의 뇌가 '저 사람은 미워해야 해. 날 배려하지 않는 사람이야'라는 메시지를 시시때때로 보내고 있기 때문이다. 그러니 '이건 아닌 것 같다'라는 생각이 들 무렵, 즉 서운함이 마음속에 들어섰을 때가 상대에게 털어놓을 최적의 타이밍이다.

사실 내가 이러이러해서 서운한 점이 있는데 당신이 조금만 더 내 기분을 배려해 주었으면 좋겠다는 말을 하는 것도, 서로 간에 감정이 엉켜 있지 않을 때나 가능하다. 이미 감정의 매듭이 꼬일 대로 꼬여버리면 상대방 역시 스스로의 잘못을 알고 있다 해도 순순히 물러설 마음이 들지 않는다.

밥 한 끼, 말 한 마디, 술 한잔, 일이십 분…

이렇게 써 놓고 보면 민망할 정도로 사소하나, 바로 이런 것들로 인해 관계에 생채기가 나다가 끊어지게 되는 경우가 많다. 하나둘씩 엉키기 시작했을 때 풀었어야 했는데 그러지 못해, 이제는 어찌할 수 없을 정도로 꼬여버린 것이다. 그러니 자신의 마음에 꽁한 감정이 화석처럼 남아 있지 않도록 하루가 마무리되는 시점에 자문자답하는 시간을 가져보자. '그 사람한테 언제 찾아가 따져 물을까?'보다 '나는 오늘 왜 그 사람이 미웠을까?'를 먼저 생각할 때 엉뚱한 곳에서 삑사리 나는 것을 막을 수 있다.

밑지는
관계를
철학하다

젊은 날에 누가 누구보다 잘났다고 판단하고 재는 것 자체가 빙산의 일각만 보고 전체를 가늠하는 섣부른 예측과 같다. 빙산의 둘레는 꼭대기만이 아니라 몸통과 밑동의 둘레까지 알아야 평균이라는 것을 낼 수 있다.

"제일 화나게 하는 사람이 누구인가?"

위와 같은 질문을 던지면 어떤 답이 나올까? 남의 자존심을 상하게 하는 사람, 자기 주장만 내세우는 사람, 말과 행동이 거만한 사람 등 다양한 종류의 밉상이 나올 것이다. 하지만 내가 그동안 관찰한 결과, 우리를 가장 화나게 하는 사람은 '같이 있으면 내가 손해 보는 것 같은' 기분이 들게 하는 사람이 아닐까 한다. 이른바 내가 '밑지는' 관계다.

밑진다는 말은 자신이 손해 보는 입장에 선다는 뜻인데 비슷하게는 '낙본하다'라는 말이 있다. '떨어질 낙(落)'과 '근본 본(本)'의 합성어로 '근본에서 떨어진다'라는 뜻으로 풀이된다. 여기서 말하는 근본은 자기 자신으로, 결국 자신은 '웃도는 사람'이고 상대는 '밑도는 사람'이라는 생각이 밑바탕에 깔려 있는 것이다.

"교수님, 요즘 저는 수준이 비슷한 사람이 편합니다. 솔직히 말해서 배려도 하루 이틀이지, 저보다 떨어지는 친구 비위를 맞추는 게 힘이 듭니다."

"꼭 그렇게만 생각할 필요가 있을까? 지금은 자네가 지친 모양이니 잠깐 거리를 두는 게 좋을 것 같은데."

"혹시 교수님께서는 그런 생각을 한 적 없으신가요? 뭐랄까, 누군가를 만나면 이상하게 나만 밑진다는 생각이요."
"왜 없었겠어? 하지만 내 오십 평생을 살면서 가장 잘한 짓이 뭔 줄 아나? 그 밑진다는 생각 자체를 버리려고 애써온 거야. 내가 이렇게 이야기하면 자네는 교과서 같은 이야기라고 싫어하겠지?"

졸업 후 오랜만에 찾아온 제자와 나눈 대화다. 물론 나는 이 친구가 왜 저런 하소연을 했는지 너무도 잘 안다. 그도 좋은 관계를 유지하고 싶어 상대의 입장을 생각하고 정성을 쏟았을 것이다. 내가 아는 그라면 충분히 그러고도 남을 친구이니 말이다. 하지만 그 역시 자신을 먼저 살피게 되는 평범한 사람이기에 그런 자신을 몰라주고 되려 시기하는 지인들이 서운하게 느껴진 것이다.

밟고 선 땅이
달라지기 시작할 때

학교를 다닐 때만 해도 '나'와 '너'는 대체로 비슷한 곳에 위치해 있다. 그런데 학교를 졸업하고 사회생활을 시작하면 서 있는 땅에 하나씩 금이 그어진다. 취업이 되는 사람과 그렇지 못한 사람으로 나뉘고, 더 나아가 다니는 회사의 규모, 연봉, 직급 등이 달라지면서 이른바 사회적 신분이 달라진다. 뭣 모르던 학창시절만 해도 같이 공부하고 술 마시며 온갖 찌질한 모습을 공유한 사이였지만, 사회에 진출하고 나서는 각자 걸치는 갑옷이 달라지는 것이다. 이에 따라 서로를 이전과는 다른 눈으로 바라보게 되는 '관계의 재구성'이 일어난다. 바로 이때 관계에 틈이 벌어지기 시작한다.

자, 조금만 더 깊게 파고들어가 보자. 만약 계속해서 전진하는 사람과 정체된 사람이 있다고 할 때 어느 쪽이 더 힘들까? 당연히 정체기에 머무는 쪽이다. 앞으로 뻗어나가는 친구를 보며 자신은 사회의 밑변 어딘가에 위치해 있다는 사실을 느끼게 되기 때문이다. 안 그래도 인정하고 싶지 않은 사실을 친구로 인해 느끼게 된다면 이만한 고통도 없지 않을까?

이렇게 되면 정체기에 있는 사람은 균형 잡기를 시도하게 된다. 상대방을 자신이 있는 쪽으로 끌어내려서 균형을 맞추느냐, 아니면 자신도 위쪽으로 올라가 균형을 맞추느냐 사이에서 선택을 하게 되는 것이다. 만약 후자를 택하면 그 관계는 변함없이 지속되겠지만, 전자를 택한다면 관계는 시한부 인생으로 돌입할 가능성이 높다. 그리고 순수했던 젊은 날의 추억으로 이루어진 관계가 무너지면서 결과적으로 양쪽 모두 상처를 입는다. 연인 사이가 아니더라도 오래된 관계가 끊어졌을 때 입는 상처는 결코 대수로운 일이 아니다.

젊은 친구들의 심적 고통을 어떻게 아셨는지 피천득 선생님은 《인연》이라는 책에다 셰익스피어가 쓴 〈소네트 29번〉의 한 구절을 소개하셨다. "내 처지 부끄러워 헛된 한숨 지어 보고, 남의 복 시기하여 혼자 슬퍼하다가도"가 바로 그것이다. 그러고 보면 이 글을 쓴 셰익스피어나 구절을 소개한 피천득 선생 모두 한때나마 알알한 청춘의 시기를 살아보셨을 테지.

그래서 내 욕심 같아서는 우리 젊은이들이 자신보다 조금 앞서가는 이를 보면서 시기하고 질투하는 대신 '나도 노력해서 부끄럽지 않은 사람이 되겠어'라는, 보다 성장하고자 하는 마음을 품고 가기를 바란다. 남을 원망하는 마음보다 자신을 독려하는 마음이 스스로의 껍질을 깨도록 도와주기 때문이다.

빙산은 전체를 가늠해야 한다

이번에는 자신보다 못한 사람을 만나 밑진다고 생각하는 젊은이들에게 이야기해주고 싶다. 젊은 날에 누가 누구보다 잘났다고 판단하고 재는 것 자체가 빙산의 일각만 보고 전체를 가늠하는 섣부른 예측과 같다. 빙산의 둘레는 꼭대기만이 아니라 몸통과 밑동의 둘레까지 알아야 평균이라는 것을 낼 수 있다. 젊은 날 내가 밟고 서 있는 지점은 긴 긴 인생에서 보면 '한 점'에 불과하다. 일시적인 지점에서 앞서나가는 것이 무슨 소용이 있으며, 뒤처진다고 해서 얼마나 뒤처질까?

인간관계에는 '호흡이 긴 인연'과 '호흡이 짧은 인연'이 존재한다. 학력, 재산, 거주지처럼 가변적인 자원을 기준으로 관계를 맺는 건 호흡이 짧은 인연 맺기다. 반면 추억, 공감, 소통처럼 정서적인 자원을 기준으로 관계를 맺는 것은 호흡이 긴 인연 맺기라고 할 수 있다. 정서적인 자원을 바탕으로 하는 인연은 쉽게 변하지 않는다. 그러니 현재의 상황만 보고 자신이 밑진다고 단정짓지 말고, 이왕이면 둘 다 소중하게 가꿀 줄 아는 지혜를 취하길 바란다. 마지막으로 이 말 하나 가슴에 넣어두자.

"당신이 누군가를 계산기 위에 올려놓는 순간, 당신 역시 그 사람의 계산기 위에 올라가는 치욕을 견뎌야 한다."

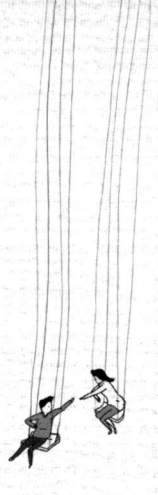

장점을 보고
반했으면
단점을 보고
돌아서지 마라

관계의 두 번째 관문에서 필요한 것은 책임감으로, 관계에서 책임감이란 처음
에 그와 친분을 맺기 위해 노력한 열정을 정리하고 싶은 마음이 들지라도 함
부로 관계를 잘라버리지 않는 것을 뜻한다.

"지금 만나는 이 관계는 마음을 가지고 있는가?"

새로운 인연을 만날 때마다 스스로에게 던지는 물음이다. 이 물음을 던지는 이유는 한 번 인연을 맺었으면 책임감을 가지고 끝까지 이어가야 한다는 신념 때문이다. 사람 마음이라는 것이 참 제멋대로라서 어느 날은 옆 사람이 햇살처럼 환하게 보이다가도, 또 어느 날은 지독한 단점만 눈에 띄어 급속도로 미워지기도 한다. 그 사람을 바라보는 우리의 마음 때문이다.

마음. 우리의 행동이 마음에 의해 결정되듯 관계에서도 마음이 온(on)과 오프(off)를 결정하는 스위치 역할을 한다. 만약 문제없이 지내오다가 요즘 들어 멀리하고 싶은 사람이 있다면 자신이 그와의 관계에 마음을 주었는지를 물어보자. 관심을 기울이고 마음을 주었다면, 그때는 관계를 정리하려는 쪽에서 관계에 책임을 지는 쪽으로 사고를 전환할 것을 권한다. 이 고비를 넘겨야만 관계를 깊이 있게 가져가는 습관이 만들어지기 때문이다.

관계를 정리할까 말까 고민하는 시기는 두 사람 사이를 한층 더 발전시킬 수 있는 일종의 '두 번째' 관문이 된다. 첫 번째 관문이 서로 호감을 갖고 인연을 유지 및 진척시키는 때라면, 두 번째 관문은 그 사람을 자신의 일부로 받아들이는 때다. 이때 필요한 것이 책임감으로, 관계에서 책임감이란 처음에 그와 친분을 맺기 위해 노력한 열정을 정리하고 싶은 마음이 들지라도 함부로 관계를 잘라버리지 않는 것을 뜻한다.

장점이 많은 사람이라도 단 하나의 단점이 나를 힘들게 한다면 어떻게 해야 할까? 나 역시 이런 경우에 계속해서 이 사람과의 관계를 끌고 나가야 할지, 아니면 끝내야 할지에 대해 고민할 때가 많았다. 그때 절친한 선배가 지나가듯 툭 던진 말이 "한 사람의 장점을 보고 반했으면 단점을 보고 돌아서지 말라"는 거였다. 선배의 논리는 이랬다. 장점과 단점이 같은 출구에서 나오는 만큼 단점을 없애고자 한다면 그 사람의 장점도 누리지 말라는 얘기다. 듣고 보면 당연한 말인데 미처 생각지 못 했던 부분이라 '어 정말 그러네!'라는 반응이 절로 나왔다.

역지사지는
총 세 번 보라는 뜻이다

《위대한 개츠비》의 첫 장을 보면 "남을 비판하고 싶거든, 이 세상 사람이 다 너처럼 유리한 입장에 놓여 있지 않음을 명심하여라"라는 구절이 나온다. 평소 좋은 이미지였던 지인이 어느 날 갑자기 생각지도 못하게 못난 모습을 보이면 곧바로 실망하고 손가락질을 한다. 하지만 그러기에 앞서 그가 왜 그런 행동을 하게 되었는지, 그를 둘러싼 상황까지 보려는 자세가 필요하다. 이른바 '역지사지'의 자세다.

지금부터 내가 제시하는 '3×2 관찰법'은 역지사지의 진화된 버전이라 할 수 있다. 여기서 3은 타인을 관찰하는 횟수를 뜻한다. 상대방이 자신보다 조금 못한 위치에 있을 때 한 번, 우월한 위치에 있을 때 한 번, 마지막으로 동등한 위치에 있을 때 한 번, 이렇게 총 세 번 상대를 관찰하는 방법이다. 그의 말이나 행동 하나하나를 자세하게 관찰하는 것이다.

다음으로 2는 자기 자신을 관찰하는 횟수를 의미한다. 같은 방식으로 상대의 자리에 자신을 놓고 자신의 행동에 대해 상대가 어떻게 나올지를 예측해보는 것이다. 이처럼 한 사람을 다양한 시각에서 바라보는 사고방식이 습관이 되면, 타인이 단점을 보였을 때 그를 함부로 평가하거나 비난하는 실수를 줄일 수 있다.

"우리가 지닌 결점은 미덕과 마찬가지로 때로는 서로의 마음을 맺어주는 강한 끈이 되기도 한다." 프랑스의 사상가 보브나르그가 남긴 말이다. 결점을 보고 단숨에 돌아서는 신속함보다 때로는 그것을 품을 줄 아는 넉넉함, 이것 하나만 제대로 잘 가꿔나가도 소중한 인연들을 잘라내고 후회하는 일은 없을 것이다. 그러니 누군가가 지닌 한 가지 단점을 탓하지 말고 오히려 그의 백 가지 장점을 취하는 지혜를 가져보자.

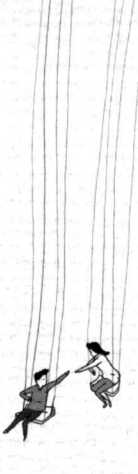

비교도
잘하면
'약'이 된다

올바른 비교란 옆 사람의 성장이 나를 짓누르도록 내버려두는 수동적인 비교가 아닌, 그것을 내 성장의 밑천으로 활용하는 것을 말한다. 이렇게 비교도 잘만 활용하면 나를 살리고 관계를 살리는 보약이 될 수 있다.

'부자(附子)'를 아는가? 가끔 사극에 나오기도 하는데 잘만 쓰면 효과 좋은 약이 되지만, 잘못 사용하면 치명적인 독약이 되어 사람을 죽일 수도 있다는 약재다. 쓰기 나름에 따라 사람을 살릴 수도, 죽일 수도 있는 것이다. '비교'는 바로 이 부자 같은 존재다. 가까운 사람인데도 알게 모르게 나와 비교하고, 그럴수록 그와 나 사이의 관계도 조금씩 헐거워져 간다. 그러다가 제대로 마음이 상하면 내 삶의 인연에서 그를 지워버리기도 한다. 누군가가 나보다 우월하다는 것을 직시하는 순간 그에게서 내 마음이 뒤로 물러나기 때문이다.

　그런데 안타깝게도 신이 아닌 이상, 살아가면서 남과 나를 한순간도 비교하지 않는 것은 불가능하다. 더구나 우리가 살고 있는 곳이 경쟁을 독려하고 타인을 통해 스스로의 위치를 파악하게 되는 자본주의 사회인데 어떻게 비교를 하지 않고 살 수 있겠는가? 그런 점에서 비교를 아예 안하기로 마음먹는 것도 좋지만, 그것보다는 잘못된 비교를 '올바른' 비교로 돌리는 것이 보다 현실적인 일이 될 것 같다. 여기서 올바른 비교란 옆 사람의 성장이 나를 짓누르도록 내버려두는 수동적인 비교가 아닌, 그것을 내 성장의 밑천으로 활용하는 것을 말한다. 이렇게 비교도 잘만 활용하면 나를 살리고 관계를 살리는 보약이 될 수 있다.

비교,
할 거면 제대로 해라

올바른 비교의 첫 번째는 뛰어난 이의 성공 과정을 내 삶에 적용하는 것이다. 주위에 남보다 먼저 뛰어난 성과를 보이는 사람이 있다면, 다른 사람들이 그 실적에 관심을 둘 때 그가 왜 그러한 성과를 낼 수 있었는지 과정을 추적해 들어가 보자. 모든 성공에는 요인이 숨겨져 있기 마련이다.

이러한 생각을 하게 된 계기가 있다. 일전에 어느 대기업에 강연을 하러 갔다가 그곳 홍보실에서 일하는 임원에게 이런 이야기를 들었다. 홍보실 베테랑 직원들이 회장님께 보고할 문서를 작성하느라 밤낮을 가리지 않고 일주일 동안 고생했는데, 놀랍게도 2년차도 안 된 직원이 혼자서 작성한 자료가 회장님께 가장 좋은 점수를 받았다는 것이다. 그 이야기를 듣자마자 호기심이 생겨 물었다.

"어떻게 했길래 그렇게 어린 직원이 회장님께 칭찬을 받은 건가요?"

"교수님도 궁금하신가 보네요. 안 그래도 제가 다른 직원들한테 그 직원에게 가서 비결을 물어보라고 시켰습니다. 그런데 2주가 넘도록 아무도 답을 들고 오지 않더라고요. 다들 선배라고 자존심이 상하는 건지 말이죠. 그래서 제가 직접 그 직원을 불러다 밥 한 끼 먹으면서 물어봤습니다. 그랬더니 하는 말이, 회장님이 전 직원들에게 일주일에 한 번씩 보내시는 이메일 3개월 치를 분석해서 자주 사용하는 키워드를 뽑아냈다고 합니다. 그걸 넣어서 자료를 올렸으니 회장님에게 낙점을 받게 될 수밖에요. 그런데 이런 것을 배울 생각은 안하고들 참……."

이야기를 듣는 내내 그 친구 얼굴 한 번 봤으면 좋겠다는 생각이 머릿속에서 떠나지 않았다. 누군가는 경험이 적은데도 아이디어를 내서 맡은 일을 해낸 반면, 누군가는 그 노하우를 묻는 것조차 부끄럽고 자존심이 상해 옆에 두고도 차마 물어보지 못하는 것이다. 그런데 현실적으로 비교하고 질투하는 것은 나에게 어떠한 이득도 가져다주지 않는다. 오히려 결과보다는 과정을 놓고 비교한 뒤 성장에 필요한 요인을 나에게 가져오는 자세가 득이 될 수 있다.

두 번째는 지금이 아닌 나중을 내다보는 상상력이 동반된 비교다. 즉 짧게는 5년, 길게는 10년 정도 노력해야 달성할 수 있는 '큰 목표'를 세운 뒤 비교하고자 하는 마음이 들 때마다 이를 떠올리는 방법이다. 자신이 지향하는 목표에 올라서기 전까지 남과 비교하지 않기로 마음먹는 것이다. 당장의 현실은 내가 그에게 열등한 마음을 느끼고 있지만 몇 년 후에는 어떻게 될지 모르는 일이다. 어떻게 될지 모르니 질투할 일도, 그래서 멀어질 일도 없어진다. 미래를 떠올려보는 것만으로도 비교의 부정적인 효과를 일정 부분 상쇄할 수 있는 것이다. 그러니 장기적인 관점에서 바라보는 지혜를 놓치지 말자. 그래야만 누구에게도 도움이 되지 않는 비교나 질투에 쓰일 에너지를 나의 성장으로 돌릴 수 있다.

"운 좋은 사람과 비교하지 말고 대다수 사람들과 비교하라. 그러면 자신이 운이 좋은 사람이라는 것을 깨달을 것이다."

헬렌 켈러가 남기고 간 이 말은 우리로 하여금 비교에 몰두하는 것 자체가 얼마나 어리석은 일인지를 깨닫게 해준다. 지금 우리는 한 뼘 한 뼘 앞으로 걸어가기에도, 하루하루 나아가기에도 바쁜 세상을 살아가고 있다. 곁눈질하지 말자. 어리석은 비교 때문에 함께 걸어가는 이들의 붙잡은 손을 놓지 말자. 오히려 그 손이 내 손이 되도록 만드는 것이 진짜 나를 위한 일이다.

기회를
잡을까,
관계를 지킬까

기회를 대하는 마음과 상대를 대하는 마음은 각각 '다른 방'에서 일어난다. 상대에 대한 미안함 때문에 자신에게 온 기회를 양보한다고 해서 내가 착한 사람이 되는 것이 아니며, 둘 사이가 공고해지는 것은 더더욱 아니다.

얼마 전, 어느 기업에서 인턴을 하고 있는 제자에게 이런 메일을 받았다.

"교수님, 이런 때는 어떻게 해야 하나요? 친한 친구랑 증권사에서 인턴을 하고 있는데 이번에 회사에서 제게 정규직 전환을 제안했어요. 사실 제가 여기서 인턴을 하게 된 이유는 취업을 위해 인턴 경험이 필요하기도 했고, 하는 김에 친구와 같이 하면 좋을 것 같아서 하게 된 것이었어요. 제 친구는 처음부터 이 회사에 들어가고 싶어 했거든요.
문제는 증권사 입사에 별 관심이 없던 제가 막상 제안을 받으니 입사하고 싶어졌다는 거예요. 담당자 말로는 제가 입사를 포기하면 친구에게 제안할 거래요. 사실 저도 이 기회를 놓치고 싶지 않아요. 그런데 친구가 먼저 하자고 해서 따라와 놓고 친구의 기회를 뺏는 느낌이 들어 마음이 편치 않습니다."

주어진 자리에서 열심히 자신의 길을 가다 보면, 적어도 한 번쯤은 생각지도 못했던 좋은 기회가 찾아온다. 원하던 일자리나 사업 기회를 제안받을 수도 있고, 리더십을 발휘할 자리에 오르기도 한다. 혹은 좋은 조건으로 경제적 지원을 받을 수도 있다.

그런데 문제는 '다시는 오지 않을 기회'와 '절대 버릴 수 없는 사람'을 놓고 콕 짚어서 택일해야 하는 상황이다. 정말 얄궂은 것이, 어느 하나 비중이 덜하면 그나마 선택이 쉬울 텐데 그렇지도 않다. 관계를 지키자니 이런 기회가 다시 오지 않을 것 같고, 그렇다고 기회를 잡자니 그 사람과의 사이가 틀어질까 걱정되어 고민에 고민만 거듭하기 일쑤다. 도대체 이런 상황에서는 어느 쪽을 선택해야 할까?

그건 그거고
이건 이거다

몇 년 전, 나는 원래 맡고 있던 자리보다 더욱 큰 리더십을 발휘할 수 있는 CEO직을 제안받았다. 그런데 공교롭게도 내가 가장 존경하는 분의 제자와 동시에 후보에 오르게 되었다. 앞서 말한 제자의 경우처럼 우선 결정권은 나에게 있었고, 내가 거절할 경우 은인의 제자에게 기회가 넘어가는 상황이라 그분들은 내 결정을 기다리고 있는 상태였다.

예전부터 꿈꾸던 직책이라 당장이라도 수락을 해야 하는데, 한편으로 평생 나에게 아낌없이 베풀어주신 은인과의 관계를 생각하니 쉽게 결정을 내릴 수가 없었다. 며칠 동안 잠을 이루지 못하던 나는 결국 그분의 제자에게 양보하기로 마음먹었다. 관계는 한 번 끊어지면 끝이지만 기회는 언제든 다시 찾아올 거라고 생각했기 때문이었다. 몇십 년 동안 쌓아온 관계가 자리 하나 때문에 무너지게 하고 싶지 않았다.

고민 끝에 스스로 내린 결정이었기에 당시에는 조금도 후회하지 않았다. 뿐만 아니라 앞으로도 영원히 그럴 수 있을 것만 같았다. 그런데 내 착각이었을까. 나를 대신해 그 자리에 오른 이는 이후 그 기회를 발판 삼아 승승장구했다. 그토록 내가 원하던 길을 통해 다른 사람이 쭉쭉 뻗어나가는 모습을 지켜보니 씁쓸할 따름이었다.

'그때로 다시 돌아간다면 다른 선택을 할 것인가?'라고 묻는다면 나의 대답은 '예스'다. 내가 은인을 존경하는 마음과 나에게 찾아온 기회를 대하는 일이 결코 같은 종류의 선택이 아니라는 사실을 깨달았기 때문이다. 기회를 대하는 마음과 상대를 대하는 마음은 각각 '다른 방'에서 일어난다. 상대에 대한 미안함 때문에 자신에게 온 기회를 양보한다고 해서 내가 착한 사람이 되는 것이 아니며, 둘 사이가 공고해지는 것은 더더욱 아니다.

그러니 기회가 오면 망설이지 말고 일단 붙잡아 두자. 그대에게 정정당당하게 주어진 기회라면, 남의 기회를 얕은 수를 써서 빼앗은 것이 아니라면 얼마나 친분이 두터운 사이든지 간에 떳떳하게 경쟁에 임할 것을 추천한다. 그런 다음 자신과 경쟁 관계에 있던 친구에게 다른 좋은 기회를 만들어 마음을 전하면 된다.

만약 누군가에게 기회를 양보했다면 잠시 그 사람과 거리를 두는 편이 좋다. 자신이 양보한 기회와 비슷한 대안이 있지 않은 이상, 사람이라면 아쉬움이나 미련을 가질 수밖에 없다. 자신이 포기한 사다리를 타고 올라가는 상대방을 바라보는 것이 쉬운 일은 아니기 때문이다. 따라서 잠시 거리를 두고 그 모습을 보지 않는 것도 관계가 삐걱거리는 것을 방지할 수 있다.

청춘들로부터 관계에 대한 고민을 들어보면 모든 문제를 자신의 힘으로, 그것도 '당장' 해결하지 않으면 큰일 날 것처럼 생각하는 경향이 짙다. 관계는 최소한 '너와 나'라는 두 사람 사이에서 일어나는 일이기 때문에 관계의 절반밖에 되지 않는 나 혼자 해결할 수 있는 일은 의외로 많지 않다. 그러므로 때에 따라서는 서먹함이 흐를 때 잠시 침묵하며 떨어져 있는 것도 좋은 처방이 될 수 있다. 또한 스스로 물러선 자리, 양보한 기회는 더 이상 자신의 것이 아님을 기억하자. 그렇지 않으면 '내가 양보했으니 너는 나에게 정말 잘해야 돼'라는 식의 보상 심리를 갖게 되면서 오히려 스스로 관계를 망가뜨릴 수 있다.

멀리까지 내다보지 못하고 순간적인 미안함에 친구나 동료에게 좋은 기회를 양보하게 되면, 상대에게 끊임없이 보상을 원하거나 그 기회를 발판 삼아 승승장구하는 상대가 급속도로 미워지게 된다. 가장 어리석은 결과가 기회는 기회대로 잃고, 관계는 관계대로 생채기가 나는 것이다. 따라서 '선(先) 기회, 후(後) 관계'를 명심하되, 설사 자발적으로 상대에게 좋은 기회를 양보했다 하더라도 나중에 벌어질 상황까지 감당할 수 있을지 충분히 생각하고 선택하기를 바란다.

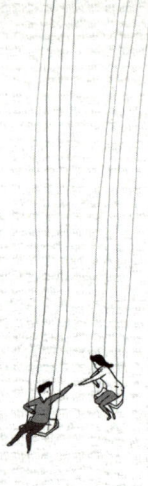

미숙한
수용보다
완벽한 거절을

내가 생각하는 가장 무거운 시간은 바로 거절을 한 후 갖게 되는 '침묵의 시간'이다. 왜 이리 더디고 무겁게 느껴지는지, 많은 사람들이 이 시간의 무게를 견디지 못하고 마음에도 없는 예스를 내뱉는 실수를 저지르는 게 아닐까.

지인 중에 누가 어떤 부탁을 하면 아무 말 없이 잘 들어주기로 유명한 분이 있었다. 10을 부탁하면 10을 다 도와주니 당연히 평판도 좋고 대인관계도 아무 문제가 없어 보였다. 그런데 오랫동안 그분을 지켜보니, 자신을 힘들게 하면서까지 상대의 청을 들어주는 것이 내 눈에도 들어오기 시작했다. 혹여 뜻대로 일이 풀리지 않아 부탁을 들어주지 못하는 상황이 되면, 혼자서 미안한 마음을 잔뜩 떠안은 채 과도하게 보상하려는 악순환에 지쳐가고 있었다.

이런 문제를 겪고 있는 사람이 어디 이 분만일까. 남녀노소할 것 없이 많은 사람이 관계에서 힘들어하는 것 중 하나가 부탁을 다루는 일일 것이다. 고백하면 이 문제는 여전히 나에게도 힘든 숙제다. 무언가 알아봐달라는 부탁은 예삿일이고 가끔은 항공권을 구해 달라는 다소 어이없는 부탁마저 들어오기도 하는데, 이러다간 안 되겠다 싶어 나름대로 세운 원칙이 있다. "정성을 다해 들어주되, 거절해야 할 상황이면 거절한다. 대통령도 안 되는 건 안 되는 거다"라는 다짐이 바로 그것이다.

한 번은 이런 일이 있었다. 30년 넘게 친하게 지낸 친구가 어느 날 우리 집으로 고가구를 보내왔다. 사실 우리 집에 놓기에는 크기도 꽤 크고 나와 아내의 취향도 아니었지만, 생각해서 보내준 선물인 만큼 어떻게 답례할까 고심하고 있었다. 그런데 친구에게 전화가 오더니 이런 말을 하는 거다.

"조금 있으면 대식이 느네 학교에서 신임 교수 채용한다고 들었거든? 내가 그 자리에 가고 싶은데, 너 정도면 충분히 힘 좀 쓸 수 있지 않겠나?"

그러니까 교수 임용 때 자신을 도와달라는 뜻에서 선물을 보낸 모양이었다. 하지만 엄연히 절차와 자격 요건이 있는 만큼, 아무리 내 친구라도 들어주기 힘든 부탁이었다. '미안하지만 이번 부탁은 들어주기 힘들 것 같다'라고 답신을 보냈더니 돌아온 대답은 이랬다.

"대식이 너, 진짜 실망이다. 내가 보낸 그 가구, 당장 도로 돌려보내라. 그리고 우리 우정은 여기까지다. 앞으로 너 혼자 잘 먹고 잘 살아라!"

억지에 가까운 부탁을 들어주지 않았다는 이유로 일방적인 절교 선언이라니? 이런저런 사람을 겪어봤어도 이런 경우는 또 처음이라 나는 며칠 동안 분을 삭이지 못했다.

어느 정도 평정심이 회복되자 안타깝지만 나 역시 이 친구를 지우기로 결심했다. 그런데 몇 달 뒤 또 다시 이 친구로 인해 마음이 뒤집히는 일이 일어났다. 나는 명절 때면 전화번호를 저장한 모든 지인들에게 문자로 인사를 보내는데, 이 친구의 번호가 내 휴대 전화에서 지워지지 않았던지 그에게도 메시지가 전송된 모양이었다. 그러자 쏜살같이 회신이 왔다.

"너, 내가 우리 사이 끝이라고 했는데 왜 또 연락하냐? 죽을 때까지 나한테 연락하지 마라."

어쩌다 실수로 문자가 간 모양이라고 넘기면 될 일을, 굳이 답장을 보내 감정을 표현하는 모습을 보고 있자니 이제는 헛웃음이 나왔다. 결국 이 일은 두고두고 나에게 상처로 남았다.

지금 이 '예스'에는
마음이 담겨 있는가

이렇게 부탁 하나 거절했다는 죄 아닌 죄로 30년 친구와의 관계가 끊어졌다. 그것 보라고, 그렇게 될까 봐 겁나서 거절하기 어렵다고 이야기할지도 모르겠다. 하지만 생각해보자. 진심으로 도와줄 마음도 없으면서 관계에 금이 가는 것이 두려워 어쩔 수 없이 들어주기 시작하면, 두 사람 사이에 잘못된 길이 하나씩 만들어진다. 문제는 그 다음이다. 나중에 비슷한 상황이 왔을 때 이전과 똑같은 길을 선택하지 않으면, 부탁하는 사람은 서운해하고 부탁받는 사람은 상대가 미워지게 된다.

이쯤에서 수수께끼 하나를 던져본다. 세상에서 가장 무거운 시간은 언제일까? 산더미처럼 쌓인 일을 처리하는 시간이라고 답하는 이도 있을 것이고, 어떤 결과를 기다리는 시간이라고 말하는 이도 있을 것이다. 내가 생각하는 가장 무거운 시간은 바로 거절을 한 후 갖게 되는 '침묵의 시간'이다. 왜 이리 더디고 무겁게 느껴지는지, 많은 사람들이 이 시간의 무게를 견디지 못하고 마음에도 없는 예스를 내뱉는 실수를 저지르는 게 아닐까. 특히 다양한 상황을 겪어보지 못한 젊은 친구들이 거절에 미숙한 경우를 많이 본다. 괜히 지인의 부탁을 거절이라도 하면 사이가 나빠질 것 같아 괴로워하는데, 때로는 '미숙한 수용'보다 '완벽한 거절'이 오히려 건강한 관계를 맺는 데 도움이 된다.

"당신은 '예'라는 대답에 진심을 담아야 한다. 만약 그럴 마음이 없다면 '아니오'라고 해야 한다."

미국의 작가 메리 제인 라이언이 한 말이다. 누군가에게 부탁을 받아 거절하지 못하는 상황이라면 스스로에게 조용히 물어보자. 자발적으로, 진심이 담긴 마음으로 "예"라고 대답하고 있는지 말이다. 만약 그렇지 않다면 정중히 거절하며, 상대방에게 거절할 수밖에 없는 이유를 정중히 전하는 것이 낫다.

대신 들어줄 수 있는 부탁이라면 발품, 손품, 마음 품을 팔아서라도 최선을 다하자. 설사 좋은 결과로 이어지지 않더라도 상대는 '나를 위해 이 사람이 이렇게까지 뛰어주는구나'라고 생각하며 감동하게 된다. 그리고 그 감동은 언젠가는 반드시 나를 다시 찾아온다.

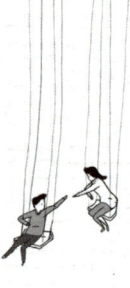

잘 싸우는 것도
능력이다

싸우기는 쉽다. 하지만 잘 싸우는 것은 어렵다. 그럼에도 이는 다른 사람과 함께 세상을 살아가기 위해 꼭 필요한 능력이다. 필요할 때는 지혜롭게 싸울 줄 아는 사람이 관계도 성숙하게 끌고 나갈 수 있다.

아무리 참고 넘어가려 해도 화가 나는 순간이 있다. 그렇다고 막상 화가 난 내 마음을 표현하자니 그 사람과의 관계에 나쁜 영향을 미칠까 염려되어 그냥 꾹꾹 눌러 참는다. 이렇게 화를 감추는 것이 반복되면서 감정이 쌓여간다. 그러다가 더 이상 참을 수 없을 만큼 내 마음이 다쳐서, 아니면 그 서운함을 제삼자 앞에서 뒷담화 형식으로 풀다가 결국 고약하게 틀어지는 경우를 심심찮게 보게 된다.

갈등 없고 싸우지 않는 관계가 마냥 좋은 것 같지만 꼭 그렇지만은 않다. 서로의 진심을 모르는, 사무적이고 피상적인 관계가 되기 쉽기 때문이다. 그래서 나는 한번 맺은 사람과 오래 가는 방법 중 하나로 '잘 싸우는 것'을 꼽는다. 조상들이 남기신 말 중에 "비 온 뒤에 땅이 굳는다"라는 속담도 있지 않은가. 다만 여기서 조심해야 할 것이 자칫하면 비 온 뒤에 땅에 금이 갈 수도, 아니면 아예 땅이 사라질 수도 있다는 점이다. 그래서 비가 지나간 다음에 땅이 '잘' 굳도록 하는 지혜가 필요하다.

나는 자주 화를 내지는 않지만, 꼭 필요하다고 느끼면 분명하게 화를 내는 스타일이다. 학생들이나 아랫사람들의 경우 눈물이 쏟아질 만큼 야단을 치기도 하고, 상대가 나와 비슷한 연배의 어른이라도 너무하다 싶은 행동을 하면 역시나 따끔하게 지적하는 편이다. 물론 내가 화난 마음을 표현하면 분위기가 서먹해진다. 상대와 나 사이에 침묵의 시간이 흐르면서 '누가 먼저 연락하나 보자'처럼 일종의 자존심 대결이 되기도 한다.

그래서 나는 화를 내고 헤어진 후 어느 정도 시간이 지나면 상대에게 문자 메시지나 전화로 연락한다. 상황 자체는 내가 화를 낼 수밖에 없는 상황이었으나 혹시 그것으로 인해 마음이 상했다면 미안하다는 뜻을 전하기 위해서다. 이렇게 하면 대부분의 사람들이 오히려 자신이 그런 상황을 만들어서 미안하다고 말한다. 화를 냈어도 내가 먼저 접고 들어가니 오히려 주도권이 내게 오는 것이다. 그러니 마음 한구석에 그 사람에 대한 화를 가져가지 말고, 차라리 그 자리에서 분명하게 표현하는 것이 훨씬 낫다.

비가 내렸으면
땅을 굳혀라

그럼 어떻게 해야 비가 지나간 뒤 땅을 '잘' 굳힐 수 있을까? 우선 현명하게 화를 내는 자세가 필요하다.

베르벨 바르데츠키의 《따귀 맞은 영혼》을 보면 "상처받은 분노를 다 표현해 버린다고 해서 일이 풀리는 것이 아니다. 상대를 자기 마음대로 할 수 있는 영향력이 자신에게 있다고 믿는 데 그 목적이 있기 때문이다"라는 구절이 나온다. 상대에 대한 존중이 없을 때 자신의 분노를 있는 그대로 털어낸다는 것이다. 그러면 당연히 관계는 그 즉시 끝나게 된다.

싸우기는 쉽다. 하지만 잘 싸우는 것은 어렵다. 그럼에도 이는 다른 사람과 함께 세상을 살아가기 위해 꼭 필요한 능력이다. 필요할 때는 지혜롭게 싸울 줄 아는 사람이 관계도 성숙하게 끌고 나갈 수 있다. 그렇기에 상대가 자신의 마음을 상하게 만들어 화를 내야 할 상황이라면, 이때 꼭 필요한 것이 수위 조절이다. 언제 어디서 누구에게 화를 내든 엄연히 지켜야 할 선이 있다. 그런데 순간적으로 화가 나서 감정이 격해지면 욱하는 마음을 이기지 못하고 선을 넘게 된다. 더구나 처음부터 지나친 말을 내뱉거나 심하게 화를 내면 두 번째부터는 훨씬 더 높은 수위로 화를 내기 쉽다.

언젠가 국내에서 손꼽히는 어느 정신과 교수님으로부터 "기성세대는 화를 못 내서 화병이 생겼지만, 요즘 친구들은 화를

'잘' 못 내서 분노조절장애를 겪는 것 같습니다"라는 말을 들은 적이 있다. 상담을 받는 젊은 환자들이나 본인이 가르치는 의대 학생들을 보니, 때와 상황에 관계없이 분노를 터뜨리는 젊은이 들이 많다는 것이다.

그런 면에서 분노 조절은 좋은 관계를 유지하기 위해 반드시 공부해야 할 과목이다. 얼마 전 우리 사회를 한바탕 휩쓸고 지나간 '갑질' 논란을 기억하는가? 상대를 자기보다 낮은 사람으로 보는 태도와 더불어 자신의 불편한 감정을 올바르지 못하게 해소한 것이 문제였다. 이처럼 생전 처음 보는 사람에게도 함부로 화를 냈다가 큰 사단이 나는데, 친분 있는 사이에서 이런 일이 생긴다면 오죽할까. 아마 뒤도 돌아보지 않고 관계가 끊어져버릴 것이다.

또 하나는 화를 낼 사람에게 내야 한다는 것이다. 원인을 제공한 상대에게 화를 내지 않고 엉뚱하게 친구나 지인 등 가까운 사람에게 화를 내는 경우가 많다. 누군가를 나의 '화받이'로 생각하는 순간 그 관계는 벌써 위험해진다. 아무리 나를 아끼고 좋아하는 사람일지라도 나의 분노를 무한히 참아낼 수는 없다. 그렇게 엉뚱한 화풀이가 반복되다 보면 당연히 내 옆에 있던 좋은 사람들이 하나둘씩 떠나간다. 결국엔 자신만 손해를 보게 되는 것이다.

마지막으로 '싸우는' 상황이 또다시 나타나지 않도록 하는 것도 중요하다. 많은 사람들이 타인과 갈등을 겪게 되면 갈등 해소와 화해에만 초점을 맞춘다. 하지만 당장 서로의 분노를 해소하는 것 못지 않게 반복을 막는 사후 처리도 필요하다. 서로 무엇을 조심해야 하고, 상대에게 어떤 점을 주지시켜야 하는지를 짚고 넘어가야 하는 것이다. 그래야만 나중에 같은 일로 큰소리를 내거나 상처를 주고받지 않을 수 있다.

신에게도 안티가 존재하듯 인간 역시 모든 사람에게 사랑받으며 살 수는 없다. 돌이켜 생각하면 나 역시 그렇게 바라던 때가 있었던 것 같다. 그러다 보니 화를 내야 할 때 내지 못하고, 잘 싸워야 할 때 그러지 못해 괴로워할 때가 있었다. 아무도 그렇게 하라고 이야기해주는 사람이 없었기 때문이다. 그러니 우리, 필요할 때는 지혜롭게 싸우고 현명하게 풀어내자. 그것이 나와 소중한 내 사람들이 함께 딛고 있는 곳을 더욱 단단한 땅으로 만들어 줄 것이다.

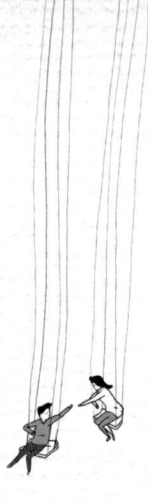

손을 놓을 때도
시간은
필요하다

만날 때만 예의를 갖추는 사람은 하수다. 그건 누구나 그렇게 할 수 있다. 함께 걸어갈 수 없다고 생각해 손을 놓을 때조차도 상대를 배려하는 사람이 진짜 고수이자 성숙한 사람이다. 그래서 손을 놓을 때도 시간이 필요하다.

"만약 이런저런 갈등을 겪어 보니 이 사람은 오래 관계를 맺을 만한 사람이 아니다 싶으면 어떻게 해야 하지요? 그래도 끝까지 붙잡고 가야 할까요?"

사람을 바라보는 나의 관점을 아는 이들이 빠짐없이 묻는 질문이다. 이런 질문을 받았을 때 솔직한 나의 답변은 이것이다.

"끝까지 데려가세요. 사람은 쉽게 변하지 않지만, 세월이 지나다보면 그 바뀌지 않는 성품이 당신을 도와줄 수 있기 때문입니다."

하지만 이것이 결코 쉬운 일은 아니다. 오랜 시간 겪어 보니 내가 성장하는 것이 힘들고 큰 불이익을 받는 건 아니더라도 계속해서 나를 불편하게 만드는 관계라면, 그때는 정리해 나가는 것이 보다 현실적인 조언이 될 것 같다. 사람과 사람이 만날 때는 즐겁고 따뜻해야 하는데, 계속 스트레스만 받는 인연은 이어가는 것이 오히려 상처를 남길 수 있기 때문이다.

외나무다리,
동화 속에만
있는 건 아니다

여기서 한 가지 당부하고 싶은 것이 있다. 처음 그 사람과 친분을 맺는 과정에서 시간과 노력이 필요했던 것처럼 관계를 정리할 때도 시간과 예의를 들여야 한다는 사실이다. 만날 때만 예의를 갖추는 사람은 하수다. 그건 누구나 그렇게 할 수 있다. 손을 놓을 때조차도 상대를 배려하는 사람이 진짜 고수이자 성숙한 사람이다.

어떠한 관계든 무 자르듯이 단번에 자르면 탈이 나게 되어 있다. 나에 대한 상대의 마음이 식었음을 서서히 느끼다가 헤어지자는 말을 듣는 경우와 그런 눈치조차 채지 못하고 있다가 어느 날 갑자기 헤어지는 경우는 전혀 다른 상처를 낳는다. 결과만 같을 뿐, 상대의 마음에 남기는 상처의 크기와 깊이가 달라지는 것이다.

따라서 피치 못하게 관계를 정리해야 한다면 시간에 맡겨둘 것을 권하고 싶다. 만약 본인이 먼저 연락해서 만남을 갖거나 이야기를 주고받는 사이였다면 이제는 상대의 연락에만 응답하거나 그 횟수를 차츰 줄여나가는 식이다. 이때 상대가 자신이 뭔가 서운하게 만들었냐고 묻는다든지 또는 자신에게 고칠 점이 있으면 이야기해보자는 식으로 나온다면 그 관계는 다시 생각해볼 수 있다. 하지만 "네가 그렇게 하는데 나도 아쉬울 것 없다"라는 식으로 나온다면 정리하는 게 맞다. 이쪽에서는 마지막까지 예의를 갖추고 최선을 다했으나, 저쪽에서는 동일한 수준으로 반응하지 않았기 때문이다.

사람과 사람이 언제 어디서 어떻게 만날지 모른다. 만약 예전에 별 탈 없이 관계를 마무리 지었다면 혹시나 다시 만났을 때 훨씬 덜 껄끄럽게 볼 수 있다. "오랜만이지만 이렇게 다시 만나니 좋네?"라고 웃으며 볼 수도 있는 것이다. 반면에 기억조차 하고 싶지 않을 만큼 막말과 상처를 주고받으며 끝난 사이라면 앉아있는 테이블이 외나무다리가 된다.

다시 말하지만 외나무다리는 동화 속에만 존재하지 않는다. 정말 중요한 순간에 그 외나무다리가 내 앞을 가로막을 수도 있다. 그러니 훗날 '내가 왜 그때 그렇게 했지'라고 뒤늦은 후회를 하지 않으려면 예의 없이 손을 놓지 말자. 관계를 시작할 때뿐만 아니라 끝낼 때도 최선을 다하는 사람이 정말로 아름답다.

좋은 벗은 만들어지는 것이 아니다.
공통된 그 많은 추억, 함께 겪은 그 많은 괴로운 시간,
그 많은 어긋남, 화해…….
우정은 이런 것들로 이루어지는 것이다.

- 생택쥐페리

PART 4

사람을 남기는 관계의 정석

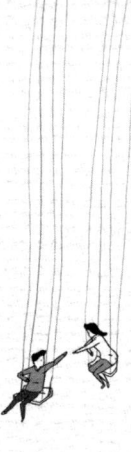

저는
관계 1년차입니다
_겸손

아무리 사회 경험이 많고 이른바 주도권을 쥔 위치에 있어도 착각하면 절대 안 되는 사실이 있다. 처음으로 만나 인연을 맺는 사람과는 '오늘 처음 본 관계'라는 것이다. 그 어떠한 요소도 '인연의 연차'를 대신할 수는 없다.

"인생은 겸손에 대한 오랜 수업이다." - 제임스 M. 배리

"겸손해져라. 그것은 다른 사람에게 가장 불쾌감을 주지 않는 종류의 자신감이다." - 쥘 르나르

　늘 갖고 다니는 수첩의 첫 장에 적어둔 글귀다. 겸손은 인간관계를 언급할 때마다 빠지지 않고 등장하는 덕목이지만, 내게 있어 그리 쉬운 말이 아니다. 사전적 정의만 가지고 겸손을 이해하기에는 그 속뜻이 너무 깊기 때문이다.

　겸손은 나와 상대가 함께 걸어가기 위한 전제 조건이다. 철길이 깔려 있어야 기차가 운행할 수 있듯이 겸손이 빠져 있으면 관계가 달려갈 수 없다. 거만한 사람들이 반감을 사는 이유는 상대와 같은 곳을 보지 않기 때문이다. 나는 잘났고 너와 다르다는 생각이 말과 행동에서 고스란히 드러난다. 그러니 누가 이런 사람과 밥을 먹고 대화를 나누고 큰일을 도모하겠는가. 그러므로 겸손이 없으면 만남은 관계로 이어지지 못한다.

　이처럼 관계에서 겸손이 중요하다는 것은 다들 알고 있지만, 겸손만큼 삶에서 목격하기 힘든 것도 없다. 자신을 마음껏 드러내는 것도 능력인 세상이 되어서인지 몰라도, 지금껏 이런저런

사람들을 만나왔지만 스스로를 높이기에 급급한 사람이 훨씬 많았다. 조금이라도 나를 낮추는 순간 상대에게 만만한 사람으로 보여 주도권을 빼앗긴다고 생각하는 모양이다. 그래서 겸손이 좋은 것, 필요하다는 것은 알지만 삶에서 나의 것으로 만들 생각은 하지 못하는 것이다.

언젠가 잘 아는 청년이 "겸손이 꼭 필요한 건가요? 사실 저는 겸손하다는 것이 어떤 건지 정확히 모르겠어요"라고 말한 적이 있다. 그러면 겸손하다는 것은 어떤 모습일까? 말과 행동에서 잘난 척하지 않는 모습? 누군가 자신을 칭찬하면 그렇지 않다며 손사래를 치는 모습? 언젠가부터 나는 겸손의 진짜 의미가 무엇인지 참 궁금했다. 여러 다른 좋은 점을 지닌 분들은 만날 기회가 많았지만 겸손은 그렇지 않았기 때문이다. 그런데 얼마 전, 어떤 인생 선배와의 만남을 통해 겸손의 진짜 의미를 깨달을 수 있었다.

오랜만에 친구 얼굴이나 볼 겸 친구가 재직 중인 학교를 방문했다가 친구의 동료 교수인 윤 교수님을 처음 뵙게 되었다. 인사를 드리려는 찰나, "김 교수님에 대해 많은 이야기를 들었습니다. 만나서 반갑습니다"라고 하시며 정중히 허리를 숙여 인사하는 것이 아닌가? 나보다 족히 10살은 많아 보이는 분이 말이다. 그래서 나도 똑같이 허리를 숙이며 "저야말로 뵙게 되어 반갑습니다. 편하게 말씀 낮추십시오"라고 인사를 건넸다.

그러자 "김 교수님, 우리는 오늘 처음 만났으니 둘 다 1년차네요"라고 하시는 거다. 내가 무슨 말인지 모르겠다는 표정을 짓자 그분은 친절히 설명을 덧붙였다. "우리가 오늘 처음 만나 둘 다 서로에 대한 경력이 1년도 못 되니 하는 말입니다. 그러니 제가 아무리 나이가 많아도 그건 아무 소용이 없는 거지요"라며 부드럽게 웃으시는 것이다.

그날 내가 그분에게서 배운 겸손은 마냥 자신을 낮추는 것이 아니라 '상대와 동등한 위치에서 관계를 시작하려는' 의지, 바로 그것이었다. 거창한 말과 행동이 없어도, 이 의지를 보여주는 것만으로도 그 마음은 고스란히 상대에게 전해진다. '이런 사람이라면 내가 곁에 둘 만한 사람이다', '큰일을 같이 할 만한 사람이다'라는 인상을 주는 것이다.

우리는 모두
서로에게 '초보'다

자신이 아무리 이룬 것이 많고 사회 경험이 많으며, 이른바 주도권을 쥔 위치에 있어도 착각하면 절대 안 되는 사실이 있다. 처음으로 만나 인연을 맺는 사람과는 '오늘 처음 본 관계'라는 것이다. 그러니 상대와 자신 모두 서로에 대한 '무(無) 경력자'라는 동등한 위치에서 친분을 맺어가는 것이 맞다. 그래야 서로를 알고자 하는 노력도 같은 수준에서 이루어지며 예의를 갖춰 서로를 대할 수 있다.

우리 사회는 대체로 '내가 더 나이가 많으니 네가 맞춰라', '내가 사회적 지위가 높으니 알아서 낮춰라'는 식으로 불평등한 선상에서 관계를 시작하려고 한다. 공적인 일로 만나는 자리든 사적인 일로 만나는 자리든 비슷하다. 게다가 나이 지긋한 어른들만 그러는 것이 아니라 젊은이들도 별반 다르지 않다. 얼마 차이 나지 않는 나이, 대기업에 다니느냐 그렇지 못하느냐, 정규직이냐 계약직이냐 등 온갖 요소를 끄집어내며 조금이라도 상대보다 우위에 있으려고 한다.

하지만 이런 태도는 함께 있는 시간 자체를 불편하게 만들며,

스스로를 두 번 다시 만나고 싶지 않은 사람으로 각인시킬 뿐이다. 그 어떠한 요소도 '인연의 연차'를 대신할 수는 없다. 그러니 처음 인연을 맺는 자리에 어떤 마음가짐으로 나가야 하는지 잊지 않길 바란다.

미국의 한 비즈니스 연구소에서 젊은 나이에 창업에 성공한 CEO 200명의 10년 후를 추적했더니, 이중 절반 정도만 사업을 계속하고 있었다. 그래서 여전히 사업을 하고 있는 100명의 10년 후를 또다시 추적한 결과, 이번에도 딱 절반인 50명만이 사업을 계속하고 있는 것으로 나타났다.

연구에 참여한 사람들이 도대체 왜 이런 결과가 나타나는지를 분석했는데, 그 결과가 사람들의 예상과 전혀 달랐다. 얼마나 유망한 아이템으로 사업을 시작했느냐, 재무 상태를 어떻게 관리했느냐 등이 이를 좌우했다고 보았으나 막상 뚜껑을 열어보니 그보다는 경영자의 자세와 연관이 있다는 사실을 알아낼 수 있었다. 탁월한 능력보다 겸손한 자세로 조직원들과 파트너들을 대한 CEO일수록 오래 살아남았다는 것이다.

어디 미국에서만 그러겠는가. 이제는 어디를 가든 혼자서 무엇을 할 수 있는 세상이 아니다. 위대한 일이든 사소한 일이든 누군가와 협력하지 않으면 결과를 보여줄 수 없는 시대가 되었다. "인품이 밥 먹여준다"라는 말이 이래서 나오는 것이다. 나는 여기에서 말하는 인품이 곧 겸손과 같은 의미라고 생각한다.

  결국 겸손은 이미 자신이 가지고 있는 것들은 저만치 밀어두고, 상대가 서 있는 지점에 나란히 서는 것이 아닐까 한다. 말로만, 입으로만 자신을 낮추는 것이 아니라 상대와 동등한 눈으로 보겠다는 자세인 것이다. 세상에 겸손한 사람을 싫어하는 사람은 아무도 없다. 톨스토이는 "겸손은 사랑을 불러일으킨다. 진심에서 우러나오는 겸손은 마음을 이끈다"라는 말을 남겼다. 그대는 상대가 누구든 '1년차'의 마음으로 나란히 설 준비가 되었는가?

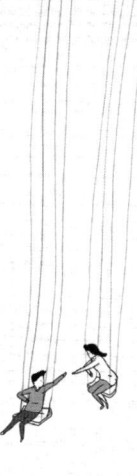

그대를
한 번 더
생각나게 하는 힘
_약속

약속은 수평적 관계를 수직적 관계로 바꿀 수도 있으며, 또 반대로 수직적 관계를 수평적 관계로 바꾸는 스위치 역할을 한다. 약속을 통해 어느 쪽으로 스위치를 켤지는 각자의 몫에 달려 있다.

부모님이나 선생님으로부터 정말 중요하다고 배웠지만 막상 사회에 나와서는 그렇지 않은 것이 있고, 반대로 아예 한 번도 배우지 못하고 자랐는데 생각했던 것보다 힘이 센 것들이 있다. 아마 후자에 해당하는 대표적인 것이 관계의 지혜일 것이다. 그리고 다양한 관계의 지혜 중에서도 많은 사람들이 대수롭지 않게 여기는, 그러나 실제로는 인연의 고리를 끊을 만큼 커다란 힘을 가진 것이 있다면 아마 '약속'이 아닐까 한다.

약속은 '신뢰감'이라는 태산을 쌓아가는 티끌과 같다. 그러므로 이 우주상에 사소한 약속이란 존재하지 않는다. 그런데도 많은 사람들이 알게 모르게 약속을 하찮은 것으로 취급하는 것을 볼 수 있다.

먼저 사람에 따라 약속을 차별하는 사고방식이 문제다. 중요한 사람과의 약속 장소에는 10분 전에 도착하면서 가족이나 친한 지인과의 약속은 상대적으로 만만하게 보는 식이다. 상대는 누군가를 기다리기 위해 그 장소에 나오는 것이 아니다. 그런데도 아무렇지 않게 누군가를 기다리게 만드는 일에 익숙하다면, 그 관계가 언제까지 아무 문제없이 지속될 수 있을까?

두 번째는 약속을 하나의 점(point)이라고 생각하는 인지의 문제를 들 수 있다. 약속은 서로 만나자고 다짐한 순간부터 실제 그 약속이 이루어지는 때까지 이어지는 하나의 선(line) 개념에 가깝다. 누군가에게 "언제 밥이나 같이 먹어요"라는 말을 해놓고 마음이 살짝 무거워진 경험이 있을 것이다. 그 말을 던진 순간 약속의 출발 지점에 서게 되었음을 스스로가 느꼈기 때문이다.

이렇듯 약속은 한 순간이 아니라 긴 시간 동안 지속되는 것이기에 신뢰에 미치는 영향력은 클 수밖에 없다. 언제 어디서든, 누구와의 약속이든 이를 잘 지키는 사람은 10년이고 20년이고 곁에 둘 만한 사람이다.

'스케줄'이 아니다
'만남'이다

지금으로부터 약 5년 전, 아이티에 큰 지진이 발생한 적이 있다. 이때 국제사회가 한뜻으로 아이티를 돕고자 나섰는데, 나는 우리나라 민주평화통일자문회의의 기금을 전달하기 위해 뉴욕에서 반기문 UN(국제연합) 사무총장과 만나기로 되어 있었다. 가끔 강연회나 세미나장에서 뵌 적은 있었지만

UN 본부에서의 만남은 처음이라 나는 무척이나 들떠 있었다.

그런데 만나기로 약속한 날, 뉴욕에 100년 만의 폭설이 찾아왔다. 아쉽지만 눈이 이리 오는데 어떻게 뵙겠냐며 포기하려는데, 반 총장은 폭설로 내가 이동하기 불편한 것을 알고 조금 더 이동하기 수월한 총장 공관으로 장소를 바꿔주었다. 한국에서 여기까지 왔는데 눈 때문에 못 만나서야 되겠느냐며 최선을 다해 약속을 지킨 것이다.

그런데 이상하게 미국에만 가면 폭설과 인연이 깊은지, 같은 해 방문한 워싱턴에도 엄청나게 눈이 내렸다. 문제는 그날 미국 상원의 민주당 원내대표인 해리 리드 의원을 만나기로 했다는 것이었다. 쌓인 눈 때문에 길은 꽉 막히고 차는 움직일 기미도 없어 그야말로 속이 시커멓게 타들어가기 시작했다. 떠도는 말로 힐러리는 만나도 리드는 만나기 힘들다고 할 정도로 어려운 사람을 만날 기회를 잡았는데, 벌써 약속 시간에서 1시간이 훌쩍 지난 상황이었다.

결국 나는 만나기로 한 시간에서 정확히 3시간이 지나서야 의사당에 도착할 수 있었다. 30분도 아니고 3시간이 늦었는데 설마 아직까지 기다리고 있겠느냐며 들어갔는데 이럴 수가, 리드 의원은 여전히 나를 기다리고 있었다. 시간 개념이 철저한 미국인에게 기대하기 어려운 태도였다. 게다가 폭설을 뚫고 여기까지 와주어 고맙다며 오히려 나에게 감사를 표했다.

사실 반기문 총장이나 리드 의원 모두 누가 봐도 바쁜 분들이고, 더욱이 천재지변이라는 명분까지 있었으니 약속을 취소해도 흉 될 일이 전혀 아니었다. 하지만 두 사람은 약속을 처리해야 할 스케줄이 아닌 소중한 만남으로 생각하는 자세를 직접 보여주었다. 우연히 같은 해에 있었던 이 두 번의 만남 덕에 나는 아주 오랜만에 약속에 대해 다시 생각할 수 있었다. 그분들과의 약속은 천재지변도 뚫을 만큼 강력한 것이었고, 그러면서도 상대의 마음에 큰 울림을 던지는 존재였다.

평소 사람 좋기로 유명한 학교 선배님이 있었다. 집에 있는 살림살이는 물론 좋은 것이 있으면 나누어주지 않고는 잠을 못 자는 분이었다. 이 선배님에게는 예술을 함께 즐기는 친구 한 분이 있어 나도 소식을 건너 듣곤 했는데, 언젠가부터 선배님이 그분을 입에 담는 일이 줄어들기 시작했다. 하루는 내가 "선배님,

요즘은 그 친구 분에 대한 말씀이 없으시네요. 요즘도 자주 만나십니까?"라고 물었더니 뜻밖의 답이 돌아왔다. "대식아! 나 그 친구를 보지 않은 지가 꽤 되었구나. 가끔 안부만 묻는다"라고 하시는 게 아닌가?

선배님의 입에서 그 이유를 들으니 기분이 묘했다. 만나는 횟수가 많아지고 서로 편안한 관계가 될수록 그분이 10분, 20분을 넘어 한두 시간씩 늦기 시작했다는 것이었다. 그리 마음 씀씀이가 넓으신 선배님도 약속을 허투루 여기는 것만큼은 쉬이 용서가 되지 않았던 모양이다.

혹시 상대에게 크게 잘못한 일이 없는 것 같은데 상대가 나를 피한다고 느낄 때는 가장 먼저 약속을 점검하자. 시간 약속 같은 사소한 문제부터 내가 그에게 무엇을 하겠다고 했던 말을 가볍게 묻어버리지는 않았는지 말이다. 미국의 정신의학자 인셀은 약속과 종속 효과의 상관관계에 대해 언급한 적이 있다. 기다리게 만든 사람은 시간을 좌우할 만한 권한을 본인이 가짐으로써, 상대의 우위에 설 수 있는 종속 효과를 가진다는 내용이다. 조금 더 넓게 생각하면 약속은 수평적 관계를 수직적 관계로 바꿀 수도 있으며, 또 반대로 수직적 관계를 수평적 관계로 바꾸는 스위치 역할을 한다. 약속을 통해 어느 쪽으로 스위치를 켤지는 각자의 몫에 달려 있다.

약속은 관계의 밀도를 높이기도 하지만, 가장 빠른 속도로 둘 사이를 멀어지게 만든다. 프랑스 속담에 "사람은 자신을 기다리게 하는 자의 결점을 계산한다"라는 말이 있다. 약속에 대한 생각만 살짝 비틀어도 '나'라는 사람의 이름표를 바꿀 수 있다.

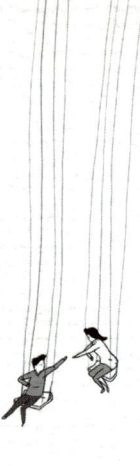

이게 진짜
100점짜리
애티튜드다
_경청

경청이란 그냥 잘 듣는 것이 아니라 '상대를 내 인생에 들이려는 적극적인 의지'이다. 그래서 경청은 타인을 깊게 대하는 사람과 얕게 대하는 사람을 구분하는 절대적인 기준이 된다.

가끔 심심할 때마다 하는 놀이가 있다. A는 1점, B는 2점, C는 3점 이런 식으로 알파벳에 차례대로 점수를 부여해 맨 마지막인 Z를 26점이라고 가정한 뒤, 영어 단어를 구성하는 알파벳을 모두 더해 그 단어의 점수를 계산해보는 것이다. 이렇게 하면 돈(money)은 72점, 죽을 때까지 쌓아가야 할 지식(knowledge)은 96점이 된다. 재미 삼아 하는 것이지만 현실에서 중요하게 생각하는 가치들의 순서와도 비슷해 놀랄 때가 많다. 내가 이 이야기를 하면 "합해서 100점이 되는 단어도 있나요?"라고 묻는 사람들이 있는데 정말로 있다. 신기하게도 요즘 우리가 자주 사용하는 '태도(attitude)'가 바로 그 100점짜리 단어이다.

실생활에서 태도가 자주 거론되는 것은 상당히 긍정적인 현상이다. 목표하는 지점과 결과가 나오는 지점 사이에 '태도'라는 다리 하나가 만들어져 자신을 돌아보게 만들기 때문이다. 원하는 결과를 내기 위해 필요한 태도를 점검하고, 따뜻한 성공을 이룬 사람들은 어떤 태도를 지니고 있었는지 고민하는 이의 삶은 다르다. 이처럼 태도는 사람의 삶을 함축하고 있기에 중요한 것일지도 모른다.

태도는 인성, 됨됨이, 성품 등을 아우르는 말인 만큼 관계에서 상당한 영향력을 행사하는 요소다. 특히 관계에서 말하는 태도는 경청과 동의어가 아닐까 생각한다. 경청이란 그냥 잘 듣는 것이 아니라 '상대를 내 인생에 들이려는 적극적인 의지'이다. 그래서 경청은 타인을 깊게 대하는 사람과 얕게 대하는 사람을 구분하는 절대적인 기준이 된다. 필요 때문에 사람을 만나는 이들은 뛰어난 언변을 자랑하지만, 대체로 자신이 하고 싶은 말만 늘어놓는 경우가 많다.

또한 경청이 관계에서 중요한 이유는 그것이 상대의 의지 역시 좌우하기 때문이다. 상대로 하여금 '이 사람이 나의 말에 관심을 갖고 있네', '나를 잠깐 스치는 사람이 아니라 중요한 인연으로 여기고 있구나'라는 생각을 하도록 만들며, 보다 적극적으로 좋은 관계를 만들어 나가야겠다는 마음을 먹게 하는 것이다.

주 도 권 을 주 는 순 간
그 가 내 게 온 다

하지만 경청은 그만큼 실천하기 어려운 행동이기도 하다. 자신의 주변에 말하는 것을 좋아하는 사람이 많은지, 듣는 것을 좋아하는 사람이 많은지 생각해보면 알 수 있다. 그러면 어떻게 들어야 제대로 된 경청이 될까? 답은 명료하다. "이야기할 권리를 가능한 한 상대에게 주라"는 것이다.

일전에 대통령 특사로 남아프리카공화국에 갔을 때 가봉의 봉고 온딤바 대통령과 만날 기회가 있었다. 처음 만나는 사이였음에도 깊은 인상을 받았는데, 봉고 대통령은 가급적 상대가 이야기를 풀어나가도록 대화를 유도하는 스타일이었다.

예를 들어 "특사께서는 한국에서 학생들을 가르치셨다고 들었는데 무슨 과목을 담당하셨나요?"라거나 "저희 아버님이 한국을 네 번이나 방문하셨을 만큼 한국과의 인연이 특별합니다. 혹시 저희 아버님에 대해 들어본 적은 있으신가요?"처럼, 내가 그냥 알고 있는 내용을 말하는 것이 아니라 적극적으로 대화에 기여할 수 있도록 배려했다. 길지 않은 만남이었지만 대화를 마치고 헤어질 때가 되자, 이런 분이라면 언제든 참 기분 좋게 이야기를 나눌 수 있겠다는 생각이 들어 못내 아쉬웠다.

한편 일전에 부산에 내려갔다가 오륙도가 보이는 카페에서 커피를 마신 적이 있었다. 관광객들로 북적거리던 평소와는 다르게 한산해, 그날만큼은 옆 테이블에 앉아 있는 사람들의 말소리가 내 자리로까지 건너왔다.

"내가 말이야, 당신 같은 사람들이 하는 이야기를 많이 들어봤어. 죄다 같은 소리만 하더라고."

이렇게 말하는 중년 남성은 돈 꽤나 있는 사업가 같았고, 맞은편에서 서류를 만지작거리는 30대 여성은 상담을 해주는 회계사로 보였다. 중년 남성이 요청해 만나는 자리 같은데도 그는 처음부터 끝까지 자기 하고 싶은 말만 할 뿐, 상대의 말을 들을 생각은 전혀 없어 보였다. 그래서인지 여성의 얼굴은 어딘지 모르게 불편하고 언짢아 보였다.

비즈니스 차원에서 대가를 받고 하는 일이라 해도, 마음이 가는 사람을 위하는 일이라면 '어떻게 하면 내가 좀 더 도움이 될 수 있을까'를 생각하게 된다. 그게 사람이다. 그런데 이 경우처럼 상대의 기분은 생각지도 않고 '내가 요청한 일이니 내가 할 말만 하겠다, 너는 들어라'는 식으로 나오면 아무도 그와 함께 하고 싶어 하지 않는다. 듣지 않으니 마음과 마음이 만나지 못하고 그대로 끝나버리는 것이다.

미국의 법학자 올리버 홈즈는 "말하는 것은 지식의 영역이고, 듣는 것은 지혜의 특권이다"라는 말을 남겼다. 그만큼 듣는 것은 쉬운 일이 아니다. 하물며 '잘' 듣는 것, 타인의 마음을 배려하며 듣는 것은 오죽할까. 나 역시 50년이 넘도록 살아왔지만 아직도 말하는 것보다 듣는 것이 더 어렵다. 그래서 오늘도 누군가를 만나기 전에 다시 한 번 다짐한다. '듣는 게 남는 것'이라고 말이다.

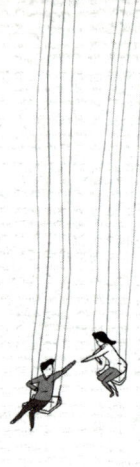

그 사람이
더 알고 싶어지는
순간이 있다
_긍정

사소한 일이라도 상대가 나를 알아가고 싶도록 만드는 것, 그리하여 내 삶에
생각지도 못했던 좋은 일이 나타나도록 하는 것이 바로 긍정의 힘이다.

"사람을 볼 때 무엇이 가장 중요하다고 보세요?"

언젠가 이런 질문을 받았다. 사람을 볼 때 이런 면도 중요하고 저런 면도 중요하면, 어떤 점을 우선순위에 놓고 봐야 하는지 궁금하다는 말이었다.

내가 사람을 볼 때 가장 중점적으로 보는 것은 '긍정'이다. 보통 긍정이라 하면 말과 행동을 좋은 쪽으로 생각하는, 일종의 낙천적인 기질을 떠올리지만 내가 말하는 것은 조금 다르다. 상대방으로 하여금 나에 대해 더 알고 싶다고 느끼게 하는 것, 이게 바로 내가 생각하는 긍정이다.

무슨 말이냐고? 긍정은 '시간관념'과 '확신', 그리고 '자기 인정'이 합해져서 나타난다. 먼저 시간관념은 첫인상을 결정하는 중요한 근거다. 평소 그 사람의 생활 습관, 타인을 대하는 태도 등을 가늠할 수 있기 때문이다. 다음으로 확신은 자신이 하려는 말을 자신 있게 꺼내는지 아니면 머뭇거리면서 말하는지를 판단하는 요소다. 이건 주로 신뢰와 관련된다. 마지막으로 '자기 인정'은 스스로에 대한 이해 정도를 보는 지표이다. 즉 자신의 장점과 단점, 자신이 할 수 있는 것과 없는 것을 분명히 알고 있는

지를 보는 것이다.

긍정의 세 가지 요소는 관계를 맺는 각 단계마다 모습을 드러낸다. 서로 호감을 갖고 말을 붙이는 '인연 맺기' 단계에서는 시간관념이, 연락을 주고받는 '관계 유지' 단계에서는 확신이, 서로 확신을 얻고 조금 더 가까운 사이로 발전하게 되는 '진화하기' 단계에서는 자기 인정이 요구된다.

이렇게 각 단계마다 상대가 지닌 긍정적인 성품이 확실하게 눈에 들어오면 무슨 생각이 들까? 맞다. '이 사람을 좀 더 알고 싶다'라는 생각이 솟아난다. 그리고 바로 이때 비로소 인연의 씨앗이 뿌려지게 된다.

긍정은 상대를 춤추게 한다

"일은 할만 해?"

"네, 매일 하는 일이 달라서 시간가는 줄 모르고 배우고 있어요."

"그래? 다행이구나. 국회의원은 한 명 한 명이 헌법기관이라

일이 많을 거야. 쉽지는 않겠지만 보좌관 업무를 하다 보면 많은 것을 배울 수 있을 거다. 차근차근 경험하면서 네 역량을 키워 봐."

재작년, 강연 일정이 한꺼번에 몰려 강의용 파워포인트 자료를 제작할 시간이 부족했던 적이 있었다. 이왕 이렇게 된 김에 손을 빌려 좀 더 보기 좋게 만들자는 생각이 들었고, 인터넷에 아르바이트 구인 공고를 냈다. 그러자 며칠 후 경영학을 전공하고 있다는 대학생 민정이에게 연락이 왔다. 그녀에게 작업을 의뢰하기로 결정하고 의논도 할 겸 만나기로 했다. 약속 장소에 도착하니 한 친구가 조용히 책을 읽고 있는 모습이 시야에 들어왔다. 단숨에 그 친구가 민정이라는 것을 알아볼 수 있었고, 일단 시간관념이 철저한 것 같아 좋은 인상을 받았다.

그런데 본격적으로 일에 대한 이야기를 시작하자 내가 느꼈던 호감은 점차 놀라움으로 변해갔다. 파워포인트를 만드는 일이라 슬라이드 한 장 당 8천 원, 열 장이니까 총 8만 원을 받고 하는 일인데도 그녀는 마치 8백만 원을 받고 일하는 것처럼 계획을 세워 온 것이었다.

"저에게 이 일은 단순한 아르바이트가 아니에요. 마침 이쪽

일에 관심이 있어서 경험을 쌓을 수 있는 기회이기도 하고요. 그러니 대충 하고 싶지 않습니다."

이렇게 똑부러지게 말하는 것이 아닌가. 맡은 일을 잘 해내겠다는 확신을 주는 것은 물론 스스로의 강점에 대해서도 잘 알고 있는 모습을 보니, 어느덧 내 관심사는 그녀라는 사람에게로 옮겨가기 시작했다. 그래서 줄줄이 미팅이 있음에도 불구하고 그녀와 30분가량 더 대화를 나누고 자리에서 일어났다.

민정이는 예상한 대로 깔끔하게 일을 해냈고 덕분에 나는 예정된 강연들을 무사히 마칠 수 있었다. 그리고 몇 달 뒤, 친분 있는 국회의원이 급하게 사람을 채용해야 하는데 좋은 인재가 없겠느냐며 문의를 해왔다. 그 말을 듣자마자 나는 조건 반사처럼 민정이가 떠올랐다. 이것이 민정이가 현재 국회의원직 9급 공무원으로 일하게 된 경로다.

사람들은 그리고 세상은 의외로 젊은이들에게 대단한 성과를 기대하지 않는다. 전문성과 경험이 부족하다는 것을 알기에 '무엇을 얼마나 가졌느냐'보다 '어떠한 자세를 보이느냐'를 더욱 비중 있게 본다. 내가 말하는 긍정 역시 이와 같은 맥락이다. 아르바이트처럼 사소한 일이라도 상대가 나를 알아가고 싶도록 만드는 것, 그리하여 내 삶에 생각지도 못했던 좋은 일이 나타나도록 하는 것이 바로 긍정의 힘이다.

"당신을 다시 만나고 싶습니다", "당신은 더 알고 싶은 사람입니다"라는 말이 상대의 입에서 나오게 만들고 싶은가? 그래서 그 사람이 먼저 좋은 것을 가지고 찾아오게 하고 싶은가? 그렇다면 긍정의 자세를 기억하자. 그 힘이 상대의 마음을 두드려 관계의 싹을 틔운다.

그만큼
타인이 채워줄
공간이 넓은 것이다
_결핍

빈 공간을 먼저 상대에게 내려놓는 순간, 그 부족함은 나를 도와주는 최고의 자원으로 변신한다. "당신이 채워줄 공간이 이렇게 넓으니 관심 있게 봐주세요"라는 일종의 간접적인 사인을 사람들에게 전하는 것이기 때문이다.

오랜만에 만난 후배의 얼굴빛이 좋지 않아 걱정이 되었다. 조심스럽게 무슨 일이 있는지 물었더니 이번에 회사를 그만두게 되었다고 했다. 고액 연봉을 주기로 유명한 증권사에 들어간 지 10년 만에 퇴사를 하게 된 것이다.

자발적으로 사직서를 내긴 했지만 반은 떠밀려 나온 거라며 고백하는 그의 목소리에서 희미한 떨림이 느껴졌다. 아직은 자신이 처한 상황을 온전히 받아들일 수 없는 모양이었다. 그럴 수밖에 없는 것이 3년 전만 해도 그가 개발했던 금융상품은 최고의 실적을 냈다. 그런데 불과 3년 만에 마흔을 앞두고 회사의 에이스에서 퇴직자로 입장이 달라진 것이다.

그런데 그의 입에서 나온 다음 말이 의미심장했다. 뭔가 잘못되어 가고 있다고 느껴 도움을 요청하려고 했지만, 이미 때는 늦었더라는 것이다.

"제 마음이 문제였던 것 같아요. 혼자서도 잘할 수 있다는 자만심 혹은 자존심이, 정작 도움이 필요한 순간에 손을 내밀지 못하게 하더라고요."

능력의 문제든 성과의 문제든 혹은 심적인 고민이든 주변 사람들에게 털어놓았더라면 혼자서 끙끙거리지 않았을 것이고 결과도 달라지지 않았겠냐는 말이었다.

부족함이
사람을 부른다

비단 그 후배만의 이야기는 아닐 것이다. 중년을 넘긴 어른들이야 자존심 때문에 그렇다 쳐도, 내가 보기에는 젊은이들도 그다지 다르지 않다. 자신의 부족함을, 모자람을 털어놓는 것이 상대에게 엄청난 약점을 보이는 거라고 여기는 것 같다. 그래서 어떻게든 약한 모습을 보이지 않으려고, 자기 힘으로 채워보려고 애쓴다.

그런데 부족하다는 것은 바꿔 말하면 그만큼 타인이 채워줄 공간이 넓다는 뜻이다. 일부러 모자란 사람이 될 필요는 없지만 빈 공간을 부끄럽게 여길 이유가 전혀 없는 것은 이 때문이다. 아이러니한 것이 우리는 재주 많고 빈틈없는 사람을 동경하면서도, 한편으로는 완벽한 사람에게 위화감을 느낀다. 나보다 훨씬 잘나 보이거나 뭐 하나 못하는 것 없는 사람에게는 좀처럼 정이 가지 않는다. 반면 감추고 싶은 단점이나 나에게는 없는 것에 대해 허심탄회하게 이야기를 나눈 후 한결 친해진 경험이 한 번쯤은 있을 것이다.

이 사실을 일찍부터 깨달은 덕분인지 관계를 맺는 데 있어 나의 가장 큰 무기는 부족함이었다. 지독한 가난을 경험한 덕에 높은 곳에 있는 이들보다 낮은 곳을 먼저 챙기시는 정진석 추기경과 인연을 만들 수 있었다. 또한 혼자 힘으로 고학한 시절이 공통분모가 되어 민주평화통일자문회의에서 만난 김영호 미주 지역회의 부의장, 그리고 박덕 유럽지역회의 부의장과도 또 하나의 가족이 될 수 있었다. 대단할 것 없는 삶이 오히려 좋은 사람들을 찾아가게 만드는 나침반이 된 것이다.

이처럼 부족함은 자신을 채워주는 대상을 만나도록 도와준다. 만약 결핍을 업신여기는 사람이라면 처음부터 그대와 인연을 만드는 자리에 나타나지 않을 것이다. 반대로 자신에게 없는 것을 채워주고자 하는 귀인이라면, 빈 공간이 그 사람을 불렀으니 오히려 자신의 결핍이 큰일을 해낸 것이다.

나에게는 유리자산운용의 박현철 대표가 그런 귀인 중 한 사람이다. 박 대표는 내가 어느 모임에서 무슨 역할을 하며, 누구와 만나기로 했는지를 내 아내만큼 속속들이 알아 정말 가족 같은 사람이기도 하다. "교수님, 아무개 씨는 좀 오래 지켜보셔야 할 것 같습니다. 주변의 평이 좋지 않더라고요", "교수님이 잘 모르시는 분이면 제가 알아봐 드릴까요?" 등 나에게 직언을 아끼지 않는다. 사람이라면 물불 가리지 않다가 그만큼 많이 당하기도 하는 나를 알기에 고마운 참견을 해주는 것이다.

영토만 먼저 정복한 사람이 주인이 되는 것은 아니다. 자신의 빈 공간을 먼저 상대에게 내려놓는 순간, 그 부족함은 나를 도와주는 최고의 자원으로 변신한다. "당신이 채워줄 공간이 이렇게 넓으니 관심 있게 봐주세요"라는 일종의 간접적인 사인을 사람들에게 전하는 것이기 때문이다. 이 지혜를 우리 젊은이들이 빨리 깨우쳤으면 좋겠다.

"행복은 원래 두 사람의 몫으로 태어났다"라는 말이 있다. 영국의 시인 바이런이 남긴 말이다. 사실 행복만이 아니라 우리 인생 자체가 1인용이 아니다. '너' 혹은 '당신들'이라는 대상이 옆

자리를 차지하고 있어야 비로소 '나'라는 주체가 완성되는 것이다. 그러니 그대의 결핍을 보여주는 것을 절대로 부끄러워하지 말자. 누군가 그 속을 단단히 채워줄 때 비로소 그대가 아름답게 완성될 테니 말이다.

당신의
가장 좋은 사람을
나눌 수 있는가
_공유

대단한 그리고 다양한 관계의 주머니를 가진 사람일수록 자신의 것을 타인과 공유하지 않을 것 같지만 의외로 그렇지 않다. 그들은 관계를 공유함으로써 '좋은 평판'이라는 무형의 자원이 축적되는 것을 알고 있기 때문이다.

"당신이 가진 가장 좋은 사람을 친구에게 나누어 줄 수 있습니까?"

이 질문만큼 사람의 됨됨이를 알아볼 수 있는 질문도 없다고 못 박는 지인의 말을 들은 적이 있다. 그래서 일주일 동안 만나는 사람마다 이 질문을 던져봤다. 다행히 내 주변 사람들은 전부 다 "그렇다"라고 대답했다.

관계를 일종의 도구나 자원으로 생각하다 보니, 관계를 공유하는 것에 거부감을 지닌 사람들이 많다. 그래서 나의 좋은 사람, 경쟁력 있는 지인을 타인과 공유하면 자신의 자원이 줄어든다고 여긴다. '내가 어떻게 얻은 인맥인데 이걸 그냥 줘' 혹은 '이렇게 대단한 사람을 소개해주면 나만 손해잖아'라고 생각하는 것이다. 참 이상한 일이다. 페이스북 같은 SNS에서는 친구의 친구를 타고 가며 잘도 관계를 맺으면서 현실에서는 사람과 사람을 연결하고 만나게 하는 것을 싫어하니 말이다. 이처럼 관계 공유를 바라보는 우리의 태도는 이중적이다.

그들이
독점하지 않는 이유

그런데 그동안 지켜본 바로는 자기 분야에서 손꼽히는 사람들은 관계 공유에 대한 생각이 남달랐다. 대단한 그리고 다양한 관계의 주머니를 가진 사람일수록 자신의 것을 타인과 공유하지 않을 것 같지만 의외로 그렇지 않다. 그들은 관계를 공유함으로써 '좋은 평판'이라는 무형의 자원이 축적되는 것을 알고 있기 때문이다. 그 평판이 언젠가 다른 일을 진행하거나 중요한 자리에 참석하게 될 때 어떠한 형태로든 자신을 도와준다는 사실을 알고 있는 것이다.

그래서 그들은 개인적으로 처리해야 할 사안이 아니라면 일부러 만남의 자리를 만든다. 만날 대상에게 동석할 사람을 일러줌으로써 미리 준비하도록 배려하며, 그날의 주제에 맞는 지인을 초대해 그룹 형식으로 자리를 마련한다. 이 사안에 대해서는 서로 도움을 주고받을 수 있을 테니 안면을 트고 지내라는 뜻에서다.

언젠가 알고 지내는 기자를 통해 MCM의 김성주 회장과 관련된 일화를 들은 적이 있다. 김 회장이 젊은 여기자와 인터뷰를

한 적이 있었는데 그 자리가 꽤나 흥미로웠다고 한다. 자신보다 훨씬 나이가 많은 기업인과 인터뷰를 해야 하는 기자가 긴장하지 않도록 그녀와 친분이 두터운 직원을 동석하게 했으며, 광고 회사의 여성 임원과 대형 출판사의 여성 임원도 그 자리에 참석하게 만든 것이다. 그 기자로서는 본인이 요청한 것도 아니었는데 의외의 인물들까지 만나게 되어, 뜻밖의 횡재는 물론 큰 감동까지 얻었다고 한다.

이처럼 자기 분야에서 손꼽히는 사람들은 관계가 넓어지는 그림을 편하게 여긴다. 만약 나의 동료 교수가 갑자기 중요한 일이 생겨 본인이 하기로 되어 있던 무보수 특강을 나에게 부탁했다고 치자. 강연료도 없는 데다가 내가 강연을 준비하려면 어느 정도 수고를 들여야 한다. 그럼에도 내가 그 자리에 대신 나가면 새로운 장소에서 새로운 인연을 얻게 된다. 내 옆으로 새로운 관계들이 늘어서는 것이다.

또한 내가 중간에서 A와 B를 연결해 줬는데, 이를 통해 좋은 일이 있으면 그 공로는 나에게로 돌아오게 되어 있다. 그것은 물질적인 보상으로 올 수도 있고, 양쪽 모두에게 큰 신뢰를 받는 것으로 돌아올 수도 있다.

잘 알고 지내는 증권사 임원이 있었는데 하루는 그를 따라온 마케팅 팀장 혜인 씨와도 인사를 하게 되었다. 어느 날 그녀에게서 연락이 오더니 이렇게 말했다.

"저희 회사에서 중국 경제와 관련한 소책자를 만들고 싶은데, 전무님 말씀이 교수님께 연락하면 소개하실 분이 많으실 거라고 하셔서요."

충분히 내가 도울 수 있는 일이라 나는 소책자를 솜씨 좋게 제작하는 기업의 대표를 연결해 주었다. 4개월이 지난 후, 이번에는 소책자를 만드는 기업의 대표로부터 연락이 왔다. 증권사에서 보내온 콘텐츠의 질이 좋아 일부는 자기네가 고객 배포용 소책자로 만들고, 일부는 본인이 아는 언론사 기자에게 보내 출판되도록 연결했다는 것이다. 그거 참 좋은 소식이라며 흡족해하고 있던 차에 혜인 씨에게서도 연락이 왔다. 출판을 통해 떠오르는 이슈를 선점하는 기업이 되어 고객들에게도 좋은 이미지를 어필할 수 있게 되었다는 것이다.

화수분을 아는가? 아무리 금은보화를 꺼내도 남은 양이 절대로 줄지 않는다는 옛 이야기 속 그 항아리 말이다. 관계는 화수

분과 같다. 나누고 소개하고 연결해도 줄어들기는커녕 오히려 멀리멀리 뻗어나간다. 그러니 사람을, 관계를 독점하려는 어린 마음이 있다면 오늘부터 내려놓자. 연결할수록 나의 동심원이 멀리멀리 퍼져 나간다.

좋은 사람을 주위에 두는 법을 알기 때문에
자신이 승자가 되리라는 것을 안다.

- 글래스

PART 5

사람을 남기는 관계의 습관

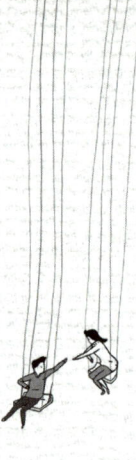

번호는
바꾸라고 있는 것이
아니다

전화번호는 귀한 인연들이 그리고 그들이 가져오는 좋은 소식이 내게로 오는 가장 직접적인 경로다. 일종의 '진입로'라고도 할 수 있다. 그런데 길인 줄 알고 열심히 따라갔는데 목적지가 나오지 않으면 어떻게 될까?

하루 동안 걸려오는 전화가 200통이 조금 넘고, 수신하는 문자 메시지와 SNS 메시지가 300통 정도 된다. 어떤 일로 연락이 오는 것인지 호기심이 생겨서 통계를 내봤더니 크게 안부, 업무, 상담, 공지 이렇게 네 가지로 나뉘었다. 40%는 가족이나 지인들에게서 온 안부 전화, 30%는 업무와 관련된 전화였다. 그리고 20%는 사람과 관계에 대한 조언을 구하거나 인적자원에 대해 묻는 전화였다. 마지막으로 나머지 10%가량은 약속이나 경조사 등 스케줄을 공유하는 내용의 전화였다.

그러다 보니 휴대 전화가 없는 상태는 꿈도 꾸지 못한다. 어떤 물건이든 잃어버리면 다시 사면 되지만, 휴대 전화를 잃어버리면 그야말로 재앙이 펼쳐진다. 나뿐만 아니라 요즘을 살아가는 누구나 그럴 것이다. 옛날처럼 집집마다 유선 전화가 있는 세상도 아니라 일단 휴대 전화가 없어지거나 작동 불가능한 상태가 되면 연락할 경로가 사라진다. 이 경우 취할 수 있는 최선의 수단은 SNS에 "지금 전화 연결이 안 됩니다. 카톡이나 페북으로 연락주세요"라고 공지하는 것뿐인데 그럼에도 전화보다는 답답하다는 느낌을 준다. 어느새 휴대 전화가 사람들을 연결하는 가장 강력한 수단이 되어버린 탓이다.

그런데 휴대 전화가 없으면 한순간도 못 살면서 전화번호는 쉽게 바꾸는 사람들이 의외로 많다. 전화번호에 대해 다소 좁은 관점을 가지고 있기 때문이다. 위에서 내게 오는 전화를 분류한 결과에 대해 언급했는데, 여기서 내가 주목하는 부분은 20%에 해당하는 전화다. 즉 하루에 40통에 가까운 전화가 사람에 대한 이야기를 주고받고자 걸려오는데, 이중 평균 10통은 인적자원에 대해 묻는 전화라는 사실이다. 일주일이면 70통이고, 한 달이면 280통이니 결코 적은 수치는 아닌 셈이다. 중요한 일이든 사소한 일이든 사람과 하는 일이라면, 내가 모르는 사람보다는 주위 사람들에게 검증된 사람을 만나고 싶은 것이 우리 욕심이기 때문이다.

그래서 전화번호는 귀한 인연들이 그리고 그들이 가져오는 좋은 소식이 내게로 오는 가장 빠른 경로다. 일종의 '진입로'라고도 할 수 있다. 그런데 길인 줄 알고 열심히 따라갔는데 목적지가 나오지 않으면 어떻게 될까? 답은 하나다. 내게 올 기회가 엉뚱한 곳으로 가게 된다. 대체 불가능한 존재라면야 전화번호가 바뀌어도 급한 사람이 어떻게든 알아내 찾아오겠지만, 안타깝게도 세상이 그렇게까지 알아서 모셔갈 사람은 많지 않다. 그렇기에 더더욱 전화번호를 사수해야 한다.

번호는
기회가 오는 길목이다

승호 씨는 경영연구소에서 강좌 개발을 담당하는 젊은 친구로, 일전에 나를 강사로 초빙한 적이 있어 알게 된 사이다. 어느 날, 오랜만에 보게 된 승호 씨가 이런저런 이야기 끝에 고민을 털어놓았다. 직무와 관련된 보다 깊이 있는 공부를 하기 위해 MBA 과정을 듣고 싶은데, 그러기 위해서는 지금보다 조금 편한 일자리로 이직을 해야 할 것 같다는 말이었다. CEO들을 대상으로 하는 강좌라도 개발하는 날이면 몇 날 며칠을 집에 들어가지도 못할 만큼 바쁘다 보니 그런 생각이 든 모양이었다. 내가 어떻게 도와줄 수 있는 일이 없어 그저 대견하다며 어깨만 두드려주고 헤어졌다.

두 달 후, 나는 경영계 실무자들의 조찬 모임에 강사로 참석했다가 그 모임을 주최한 경제연구소의 상무님과 인사할 기회를 갖게 되었다. 한창 대화를 나누던 중 그분이 자기네 연구소에서 사람을 뽑으려고 한다며 좋은 인재가 있으면 추천해달라는 말을 꺼냈다. 그러자 승호 씨 얼굴이 떠올라 바로 그에게 전화를 걸었는데 이런, 없는 번호라는 멘트가 나오는 것이다.

일주일 만에 승호 씨와 연결이 되었는데 듣자 하니 여자친구와 헤어지는 바람에 번호 연결 서비스도 신청하지 않은 채 급히 번호를 바꾸었고, 일주일 동안 바빠서 새로운 번호를 남길 여유가 없었다고 했다. 당연히 연구소의 채용은 끝난 상태였다.

그 후 나는 특히 젊은 친구들에게는 "전화번호를 바꾸지 마세요. 주민등록번호처럼 바꿀 수 없는 것이라고 못 박아두어야 기회가 오는 길목이 사라지지 않을 수 있습니다"라고 힘주어 말한다. 혹시 지금까지 휴대 전화번호와 기기를 동일하게 간주해 왔다면 관점을 달리해보자. 번호는 사람, 기회, 정보, 약속 등을 가져다 줄 '무형의 자산'으로, 기계는 그것을 싣고 다니는 '유형의 도구'로 말이다.

이렇게 말하면 "번호 연결 서비스를 이용하면 되지 않나요?"라고 반박하는 친구들이 종종 있다. 물론 그것도 하나의 대안이 될 수 있다. 하지만 앞서 승호 씨의 경우처럼 이런 서비스도 없이 잠적하듯 번호를 바꿔버리는 사람들이 많고, 무엇보다 번호를 바꾼다는 것 자체가 그리 신뢰할 만한 인물이라는 인상을 주지 않는다. 수시로 번호가 바뀌는 사람은 '신상에 변화가 잦은 사람', '뭔가를 피하는 사람'이라는 이미지를 알게 모르게 심어준다. 상황이 됐든 감정이 됐든 기복이 심한 사람으로 비춰지는 것이다. 한마디로 정리하면 책임감이 없는 사람이 되는 것이니, 혹여 자신에 대한 인상이 전화번호 하나로 인해 안 좋은 방향으로 결정되면 얼마나 억울하겠는가?

이처럼 전화번호를 대하는 자세만 보아도 한 사람이 사물을 대하는 방식, 타인과 관계를 맺는 방식 그리고 자기 관리를 하는 태도로까지 확장해나갈 수 있다. 유행 따라 취향 따라 휴대 전화 기기를 바꾸는 것은 좋다. 하지만 전화번호만큼은 쉽게 바꾸지 말자. 그대를 찾아오는 사람도, 관계도, 기회도 자칫 허무하게 날아갈 수 있으니 말이다.

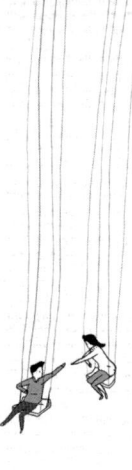

큰 사람을
단번에
부르는 기적

많은 사람들이 기적을 놓치면서 산다. 왜 그럴까? 기적은 아주 평범한 옷을 입고 우리 곁에 머물다 가기 때문이다. 결코 "짜잔, 나 기적이야. 누가 봐도 빛나지?"라고 소리치며 찾아오지 않는다.

내가 교회에 나가기 전, 지금의 아내와 한창 연애 중일 때 심심풀이로 점을 보러 간 적이 있었는데, "이 커플은 오래 못가서 헤어진다"라는 점괘가 나왔다. 처음에는 믿을 것이 못 된다며 웃어 넘겼지만, 두 번째로 간 곳에서도 같은 점괘가 나오니 신경이 쓰이기 시작했다. 그래서 우리는 또 다른 곳에 가서 마지막으로 한 번만 더 점을 보기로 했다.

　다행히도 세 번째로 방문한 곳에서는 3년을 넘기면 잘 살겠다는 점괘가 나왔다. 우리는 비교적 긍정적인 답변을 받았다는 것만으로도 기뻐하며, 어떻게 해야 3년을 무사히 채울 수 있을지 궁리하기 시작했다. 그러다가 생각난 것이 직접 쓴 편지를 주고받는 일이었다. 그렇게 아내와 나는 서로에게 편지를 쓰기 시작했고, 3년이 되었을 때 그동안 쌓인 편지를 책으로 만들어 아내와 양가 어른들께 선물했다. '저희는 이렇게 3년을 함께 했습니다. 앞으로도 이 마음 그대로 간직하며 살겠습니다'라는 일종의 선언이기도 했다.

　결과적으로 아내와 결혼하는 복을 누리기도 했지만, 이 경험 덕분에 다른 사람에게 편지를 쓰는 것이 내게는 참 자연스러운 일이 되었다. 막상 편지를 쓰려면 쑥스럽고 무슨 말을 해야 할지 모른다는 분들이 많은데, 나는 틈만 나면 가족은 물론 지인들에게 내 마음과 감정을 담아 진솔하게 편지를 쓴다. 지금도 내 책장에는 세 권의 스크랩북이 꽂혀 있는데, 자녀들이 결혼할 때 주려고 보관해놓은 나와 아내의 편지글이다.

재미있는 점은 내가 아무렇지도 않게 편지를 써서 그런지, 편지와는 만리장성을 쌓을 것 같은 젊은 보좌관 친구들도 이를 즐긴다는 사실이다. 그 친구들에게 편지를 받을 때마다 '어, 이 녀석 봐라. 이런 면도 있었네' 하며 흐뭇한 마음을 느낄 때가 적지 않다.

이런 경험 때문에 젊은 친구들에게 늘 "만나고 싶은데 쉽게 닿을 수 없는 사람이 있다면 편지를 써봐라"라는 말을 자주 하곤 한다. 스마트폰 메신저나 SNS로 소통하는 편이 손 편지보다 훨씬 편하다는 것을 나 역시 알지만, 그럼에도 편지를 반 강요하는 이유는 편지만큼 '이 친구 한번 만나보고 싶네'라는 마음을 들게 하는 매체가 없기 때문이다.

편지는 특정 대상에게 전하는 텍스트라는 점에서 나뿐만 아니라 타인에게도 중요한 의미를 남긴다. 일단 편지를 쓰려면 시간과 수고가 들어간다. 받는 이도 그것을 알기에, 직접 손으로 쓴 편지를 보낸다는 것 자체가 '당신은 지금 내게 있어 매우 중요한 사람입니다', '나는 당신과 의미 있는 관계를 맺고 싶습니다'라는 메시지를 전달해준다. 편지를 보내는 것 자체만으로도 상대의 마음 절반은 움직일 수 있는 것이다.

작은 실천이
그들을 내 곁으로 부른다

예전에 나와 프로젝트를 같이 했었던 지선 씨를 오랜만에 만났는데 싱글벙글한 얼굴이었다.

"무슨 좋은 일이라도 있어요? 웃음이 떠나질 않네?"
"그게 말이에요, 교수님 말씀대로 속는 셈 치고 편지를 써서 보냈는데, 7년 동안 공들인 분과 같이 일하게 되었어요!"

콘텐츠 기획자인 지선 씨는 7년 전 신문에서 한 칼럼을 보았는데, 글의 내용이 좋아 그분과 함께 일을 해보고 싶었다고 한다. 하지만 워낙 유명한 금융사의 CEO라 바쁘다는 이유로 번번이 퇴짜만 맞을 뿐이었다. 그래도 그분을 놓치고 싶지 않았던 그녀는 지금까지도 종종 자신이 기획한 책을 보내드린다고 했다. 그런데 나를 만났을 때 편지 소통에 대한 이야기를 전해 듣고는 문득 '그동안 내가 왜 책만 보냈을까'라는 생각이 들었다고 했다. 그래서 이번에는 정성스럽게 편지를 써서 책과 함께 보냈다.

일주일 정도 지났을까? 놀랍게도 그분에게서 먼저 연락이 온 것이다. 책과 글을 잘 받았다며 식사라도 대접하고 싶다는 것이었다. '촌스럽게 편지는 무슨 편지야? 그렇게 바쁜 분이 읽어나 주겠어?'라고 생각하고 그대로 포기할 수도 있었을 텐데, 그녀는 진심을 담아 실행에 옮겼고 자신이 그토록 원하는 분과의 기회를 만들 수 있었던 것이다.

아인슈타인은 "세상을 사는 데는 두 가지 방법이 있다. 하나는 모든 만남을 우연으로 간주하는 것이고, 다른 하나는 모든 만남을 기적으로 보는 것이다"라고 말했다. 세상 어느 누구도 자신에게 기적이 온다면 놓치지 않을 거다. 하지만 많은 사람들이 기적을 놓치면서 산다. 왜 그럴까? 기적은 아주 평범한 옷을 입고 우리 곁에 머물다 가기 때문이다. 결코 "짜잔, 나 기적이야. 누가 봐도 빛나지?"라고 소리치며 찾아오지 않는다.

편지를 통해 나는 헤어질 수도 있었던 아내와의 인연을 지킬 수 있었고, 지선 씨는 오랜 시간 공들였던 분을 모시는 데 성공했다. 편지 자체가 대단한 존재라기보다 시간과 노력을 들여 편지를 쓸 만큼 간절하게 원했던 마음이 기적을 만들어 결국 상대의 마음마저 움직이는 것이 아닐까.

인생을 살다 보니 세상에는 우연이란 없으며, 우연은 진심이 담긴 노력의 다른 이름이라는 생각이 든다. "왜 항상 해피엔딩은 남의 일인 줄 모르겠어요"라고 말하며 안타까워하는 사람을 볼 때마다 나는 "그 노력을 남이 했기 때문이에요. 당신이 하면 당신 것이 될 수 있습니다"라고 말해주고 싶다. 다른 것은 어떨지 몰라도 적어도 관계에서는 그것이 진실이다. 그러니 특별한 인연을 만들고 그것을 키워나가고 싶다면 그대 곁에 머무는 기적을 스쳐 지나가게 두지 말자. 진심이 담긴 편지가 상대의 마음을 움직인다.

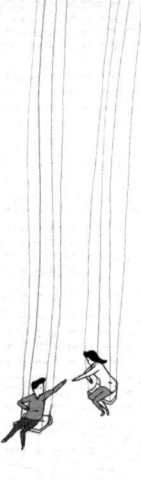

10분이
만남의
질을 바꾼다

사람을 만날 때 그저 약속한 시간에 만나 용무를 처리한다고만 생각하지 말자. 단 10분이라도 나와 상대에 대해 생각하는 시간을 가져보자. '그'라는 우주와 '나'라는 우주가 하나로 통하도록 만들어 줄 것이다.

링컨 대통령은 "만약 나에게 1시간이 주어진다면 그중 40분은 도끼를 가는 데 사용할 것이다"라고 말했다. 이는 그만큼 준비하는 것이 중요하다는 말이기도 하다. 이것을 학습심리학에서는 '레디니스(readiness)'라고 하는데, 학습이 효과적으로 이루어지기 위한 신체적·정신적 준비 상태를 일컫는다.

링컨 대통령뿐만 아니라 각 분야의 리더들을 살펴보면 준비하는 시간을 충분히 갖는다는 공통점이 있다. 대체로 새벽 5시 이전에 일어나 움직이는데, 그렇다고 이들이 일어나서 곧장 업무를 보거나 중요한 미팅을 갖는 것도 아니다. 대부분은 신문을 읽거나 일정을 점검하고 운동을 하는 등 하루를 준비하기 위한 바탕을 깔아놓는다. 그렇게 기초를 다지며 시작한 하루는 허둥지둥 시작하는 하루와 다를 수밖에 없다. 하루의 가치가 달라지는 것이다.

준비에 따라 가치가 달라지는 것은 사람과 사람의 만남도 마찬가지다. 처음 누군가와 만나는 자리에선 이야기를 잘 듣는 것만큼이나 상대에게 나의 말을 제대로 전하는 것도 중요하다. 만나면 가장 먼저 어떤 말을 할 것인지, 용건을 어떤 식으로 전달할 것인지 등을 잠깐만 고민해도 만남의 깊이와 질이 달라지는 것이다. 그러므로 이는 상대가 누가 됐든 만남의 시간을 갖기 전에 반드시 필요한 과정이다. 내 입장에서든 상대 입장에서든 바쁜 일정을 쪼개서 만날 텐데 그 귀한 시간을 되는대로 써버려서야 되겠는가 말이다.

하나의 우주를 맞이하라

나는 누군가를 처음 만나기로 하면 일정표에 '사람 맞이'라고 적어둔다. 그런 후에 만나기 전까지 10분을 투자하는 일종의 작은 의식을 치르는데, 아침저녁으로 10분씩 시간을 들여 내 삶을 빠르게 훑어본다. 최근에 읽은 책이 무엇이고 어떤 생각을 하고 있는지, 누구와 만나 어떤 대화를 나눴는지, 다녀온 여행지는 어디였는지, 요즘 하고 싶은 일은 무엇인지 등 나에 대한 내용을 정리하는 것이다.

'무슨 면접시험장에 들어가는 것도 아닌데 나에 대한 내용을 이렇게까지 정리해야 하느냐'라고 생각할 수도 있다. 하지만 아무리 익숙하고 사소한 이야기라도 스스로 정리되지 않은 상태에서 말문을 열면 대화가 꼬이거나 길을 잃게 된다. 그렇기에 처음 만나는 자리일수록 자신에 대해 생각하고 정리하는 과정이 반드시 필요하다.

또한 이 방법은 처음 만나는 사람이 아닌 경우에도 얼마든지 써먹을 수 있다. 지난번에 만나서 나눴던 이야기, 함께 알고 있는 지인의 소식, 만나기로 한 사람과 어울리는 장소 등을 만나기 전에 차근차근 떠올려보자. 이런 정도만 준비해도 어색함을 줄이고 공감거리를 늘릴 수 있다.

어느 일간지의 부국장을 만났다가 흥미로운 이야기를 들은 적이 있다. 그는 직업이 기자인 만큼 하루에도 여러 사람과 인터뷰가 예정된 날이 많은데, 각 인터뷰 사이에 10분의 인터미션을 반드시 둔다고 했다. 그 10분만큼은 전화도 받지 않으며 문자 메시지에도 답하지 않고, 무슨 수를 써서라도 사수한다는 것이었다.

"대화를 다 마치고 헤어지고 난 직후인 그때가 그 사람에 대한 영감이 오는 때거든요. 그때 그 사람에 대한 인상이나 생각난 것을 메모해두지 않으면 나중에 녹음된 내용을 다 들을 때까지

손 놓고 가만히 있어야 합니다."

　내가 말한 방법이 상대를 만나기 전에 나에 대해 정리하는 경우라면, 이분이 말하는 방법은 만남이 끝난 뒤 상대에 대해서 정리하는 경우이다. 사람의 기억은 시간이 지날수록 희미해지므로 만남이 끝난 뒤 상대에 대한 나의 느낌을 정리하는 것도 충분히 효과적인 방법이다. 글로 정리하면 훨씬 더 명료하게 들어오기도 하고, 그가 어떤 사람이었는지, 무슨 이야기를 했었는지 기억하기도 쉽다. 한참 뒤에 그 사람을 다시 만나도 남들보다 훨씬 구체적으로 인사말을 건네며 안부를 물을 수 있다.

　"사람이 온다는 건 실은 어마어마한 일이다.
　한 사람의 일생이 오기 때문이다."

　정현종 시인의 시 〈방문객〉에 나오는 구절인데, 참 좋아해서 늘 외우고 다니는 글귀다. 누군가를 만난다는 것이 단순히 사람 한 명 만나는 일이 아니라, 그의 인생을 마주하는 시간이라는 말이 참으로 절묘하지 않은가. 우리가 꺼내는 말, 펼치는 행동 하나하나에 그동안 살아온 시간과 쌓아온 가치관이 묻어 있으니 결코 틀린 말이 아니다.

그러니 사람을 만날 때 그저 약속한 시간에 만나 용무를 처리한다고만 생각하지 말자. 단 10분이라도 나와 상대에 대해 생각하는 시간을 가져보자. '그'라는 우주와 '나'라는 우주가 하나로 통하도록 만들어 줄 것이다.

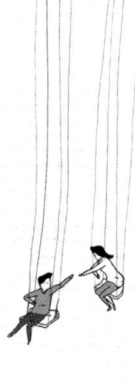

두 마리
토끼를 잡는
진짜 고수가 돼라

도움만 얻고 끝내는 사람은 하수다. 반면에 도와준 이마저 자기 쪽으로 끌어당기는 사람은 진정한 고수다. 그러니 아무리 사소한 것을 부탁했더라도 정보는 정보대로, 사람은 사람대로 두 마리 토끼 모두 다 얻는 진짜 고수가 되자.

참 오랫동안 공부하는 세상이다. 초등학교부터 고등학교까지 정규 교육을 받는 시간만 12년, 여기에 대학교까지 더하면 16년이다. 요즘은 이래저래 휴학도 하고 대학원에도 많이 가니 근 20년이라고 말할 수 있을 테다. 평균 수명이 80살이라고 치면 4분의 1에 해당할 만큼 적지 않은 시간을 공부에 투자하는데도, 막상 사회에 나와 보면 학교에서 배운 지식이 큰 도움이 되지 않을 때가 많다. 특히 학교에서는 시간을 두고 여러 분야를 전반적으로 살피기 때문에 이를 가지고 현장에서 당면한 문제를 해결하는 데는 한계가 있다.

사람이 지식을
대신하는 세상

현장에서 통하는 용어나 업무 절차, 양식 등은 상황에 따라 수시로 변하는 것이 특징이다. 때문에 어제 써먹은 방법이 오늘도 통한다는 보장이 없다. 미국에서 나온 어느 통계에 따르면 지식의 수명이 평균 3년이라고 한다. 이제 좀 배워서 써먹으려고 할 때쯤이면 이미 절반은 옛날 지식이 되어 쓸모없게 되는 것이다. IT 분야나 과학 기술처럼 지식의 회전율이 빠른 분야라면 이런 현상은 더욱 두드러지게 나타난다.

이렇게 지식의 수명이 짧을수록 힘이 되는 것은 아이러니하게도 사람이다. 사람이 주는 정보의 최대 이점은 필요할 때 바로 문제를 해결할 수 있다는 것이다. 그러므로 변화의 속도가 빠른 분야에서 일하는 사람일수록 관계 관리가 곧 실무적 경쟁력으로 연결될 수밖에 없다.

자신이 모르는 분야가 나타나면 제일 먼저 어떤 생각이 드는가? '이쪽에 대한 지식이 없으니 공부해서 알아봐야겠다'보다는 '이쪽은 아무개가 잘 알고 있으니 그에게 물어봐야겠다'라는 생각이 먼저 떠오르지 않는가? 해당 분야를 잘 아는 사람에게 먼저 도움을 구하고, 자신이 지식을 쌓는 것은 그 다음 순서로 보는 것이다.

이처럼 타인의 지식과 경험을 빈번하게 사용하면서도 우리는 놓치는 점이 많다. 상대도 바쁜 시간을 쪼개어 나에게 도움을 주는 것인데도, 부탁할 때의 태도나 도움을 받고 난 후의 태도는 별로 신경 쓰지 않는 것이다. 그러다 보니 정보를 제공하는 쪽에서는 서운하게 생각하는 반면 부탁하는 쪽은 한번 도와주고 치

사하게 군다는 식으로 생각해 각자 감정이 상하기도 한다. 좋은 의도로 도우려고 시작한 일이 오히려 관계의 고리를 끊고 싶게 만드는 것이다.

정보만 얻으면 하수, 사람까지 얻으면 고수

그러면 어떻게 해야 상대가 기분 좋게 나를 도와주고 싶게끔 만들 수 있을까? 첫째는 '제대로' 물어보라는 것이다. 반드시 전체적인 그림을 파악하고 알고 싶은 내용을 정리한 뒤 요청하라는 것이다. 그래야 중언부언하지 않고 핵심을 물을 수 있으며, 그를 통해 상대의 시간을 최대한 덜 빼앗을 수 있다. 가만 보면 도움을 요청할 때 자신은 알아보지도 않고 무턱대고 질문을 던지는 사람이 많다. 스스로도 무엇을 물어봐야 할지 제대로 정리가 되지 않은 것이다. 허술하게 요청하면 나중에 물어볼 것이 또 생긴다.

더불어 핵심 질문에 대한 답을 얻었으면 범위를 확장해보는 자세가 필요하다. 조교나 보좌관 등 나를 도와주고 있는 사람에게 일을 시켜보면 세 부류로 나뉜다. 시키는 일만 하는 사람, 시키는 일도 못하는 사람 그리고 시키는 것 이상을 해오는 사람이다. 이 셋의 차이는 어디에 있을까? 내게 일과 관련된 질문을 한 뒤 직접적으로 필요한 답만 얻어 가는지, 아니면 그 일과 관련된 다른 프로세스나 알아두면 좋은 사람 등에 대해서도 묻는지에 있다. 대부분은 원하는 답만 얻어 간다. 하지만 좋은 질문은 문제에서 출발하여 답을 찾아가는 가장 정확한 지름길이자, 사람까지 자기편으로 만들 수 있는 중요한 도구다. 사람들이 그나마 전자에 대해서는 잘 알고 있는 것 같은데 후자까지는 신경을 쓰지 못하는 것 같아 짚고 넘어가는 것이다.

둘째는 원하는 정보를 얻었으면 도움을 준 사람에게 반드시 인사를 하라는 것이다. 화장실 들어갈 때와 나올 때가 다르다고, 자신의 용건이 끝나면 언제 부탁했냐는 듯 뒤돌아서는 사람들이 많다. 그러니 고마운 마음이 희미해지기 전에 감사의 뜻을 표현하자.

이때 간단하게 '감사합니다'라고 문자 메시지를 보내기보다는 가급적 구체적으로 인사하는 것이 좋다. 도와준 것 자체에 대한 인사를 넘어 덕분에 일의 결과가 어떻게 됐다는 말까지 덧붙인다면 금상첨화다. 이런 사람이라면 앞으로도 힘닿는 한 도와주고 싶은 마음이 든다. 도와준 이가 오히려 인연의 고리를 이어가고자 할 것이다.

  타인으로부터 문제 해결에 필요한 도움만 얻고 끝내는 사람은 하수다. 반면에 도와준 이마저 자기 쪽으로 끌어당기는 사람은 진정한 고수다. 그러니 아무리 사소한 것을 부탁했더라도 정보는 정보대로, 사람은 사람대로 두 마리 토끼 모두 다 얻는 진짜 고수가 되자.

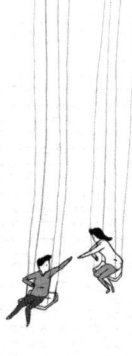

눈과 귀를
붙잡는
잡담 내공 기르기

잡담을 하다 보면 서로가 관심 있는 쪽으로 대화가 흘러가게 되어 있어 상대의 관심사를 잡아낼 수 있다. 이를 통해 한층 친밀한 관계로 발전하는 다리가 만들어지는 것이다. 그렇기에 잡담을 풀어내는 내공이 필요하다.

《잡담이 능력이다》라는 책이 한때 베스트셀러에 오른 적이 있다. 아무짝에도 쓸모없다고 생각했던 잡담이, 알고 보면 중요한 존재라는 메시지에서 사람들이 신선함을 느꼈던 모양이다.

그런데 이 잡담은 관계를 맺고 발전시켜나가는 과정에서도 중요하다. 누군가를 만났을 때 이 사람이 고수인지 하수인지는, 만나자마자 어떤 이야기를 꺼내느냐를 보고 판단할 수 있다. 하수는 만나자마자 곧장 용건부터 꺼내기 바쁘지만 고수는 절대로 본론으로 직행하지 않는다. 먼저 다양한 화제를 입에 올리며 단단한 상대의 마음을 노크한다. 잡담이라는 뜸을 들인 뒤 분위기가 무르익었을 때 비로소 본론으로 들어가는 것이다. 이처럼 잡담은 대화의 앞머리에 위치해 대화의 물꼬를 자연스럽게 열어주는 효과가 있기에, 잡담을 풀어내는 내공이 필요하다.

'저 사람 이야기를 듣다 보면 시간 가는 줄 모르겠어'라는 생각이 들 만큼 이야깃거리가 풍부한 사람을 본 적이 있을 것이다. 우리는 지루한 사람보다는 재미있는 사람을 좋아한다. 처음 만나 상대에 대해 잘 모르는 어색한 상황이라면 더욱 그렇다. 다시 말하면 잡담 내공이 있는 사람일수록 호감도도 상승한다는 뜻이다. 특히 상대와 나 사이에 어느 정도 격차가 있는데 반드시 그와 친해지고 싶다면, 나 또한 그에게 들려줄 수 있는 영양가 있는 정보를 가지고 있어야 상대의 마음을 여는 것이 수월해진다.

게다가 다양한 주제에 대해 이야기를 나누다 보면 서로의 관심사를 파악하기도 쉽다. 자신만 재미있고 다른 사람에게는 재미없는 이야기를 쉬지 않고 늘어놓는 사람이야말로 꼴불견이다. 그런데 잡담을 하다 보면 나와 상대 모두가 관심 있는 쪽으로 대화가 흘러가게 되어 있어 서로의 취향이나 관심사를 잡아낼 수 있다. 이를 통해 한층 친밀한 관계로 발전하는 다리가 만들어지는 것이다.

그런데 잡담을 하라고 해서 아무 이야기나 하라는 것은 결코 아니다. 상대와 '함께' 흥미롭게 이야기할 만한 소재를 찾으라는 뜻이다. 언젠가 학교에서 구내식당을 지나가며 학생들이 무슨 이야기를 하는지 들어본 적이 있다. 대부분이 학점이나 취업 관련 이야기 아니면 어제 저녁에 본 TV 프로그램에 대한 이야기, 포털 사이트에 뜬 연예인 이야기 등이었다. 요즘 화제가 되고 있는 사건, 우리나라를 방문한 해외 인사, 베스트셀러 도서 등 수많은 이야깃거리가 있는데도 그야말로 신변잡기식 잡담뿐이라 아쉬웠다.

친밀한 지인들끼리 무슨 이야기인들 못하겠느냐만 처음 만나는 사람 앞에서, 그것도 조심스러운 상대 앞에서도 그런 이야기만 풀어낼 수 있을까? 그렇기에 상대에 따라 자유롭게 꺼내들 수 있는 잡담 보따리가 필요한 것이다. 그럼 어떻게 해야 속이 꽉 찬 나만의 잡담 보따리를 만들 수 있을까? 당연히 집어넣을 '물건'이 있어야 보따리가 채워진다.

잡담도 재료가 있어야 만들어진다

잡담 내공을 쌓는다고 해서 머리를 싸매고 공부하라는 뜻이 아니다. 짬 날 때마다 다음의 방법들만 충실히 실천해도 충분하다.

첫째는 신문 읽기다. 신문은 세상이 어떻게 돌아가는지 보여주는 일종의 스캐너와 같다. 신문을 볼 때는 몇 가지 규칙이 있는데, 매체마다 논조가 다른 만큼 보수 성향의 신문과 진보 성향의 신문을 동시에 볼 것을 권한다. 정치, 사회, 문화면은 큰 헤드라인 중심으로 훑고, 시간적 여유가 있다면 경제지를 따로 보는 것도 추천한다.

또한 어떤 신문을 보든 인물에 대한 기사나 알림은 빼놓지 말고 보자. 신문에 실리는 사람들은 지금 당장은 나와 친분이 없는 저명인사들인 경우가 많지만, 강연이나 학회 등에서 뜻하지 않게 알게 되어 인연이 닿을 수도 있기 때문이다. 또한 이미 아는 사람에 대한 기사가 실렸다면 특히 꼼꼼히 챙겨야 한다. 나쁜 일이라면 위로가 필요한 시점이니 말 한 마디로도 내가 기억될 수 있고, 기쁜 일이라면 "얼마 전에 좋은 일이 있으셨다고 들었는데 축하합니다"라며 이야기의 물꼬를 트면서 관심을 나타낼 수 있다.

두 번째는 독서다. 이렇게 말하면 취업 준비가 발등의 불인데, 종일 업무에 시달리다 들어왔는데 책은 무슨 책이냐고 말하는 사람들이 있을 거다. 하지만 독서만큼 우리의 지식 주머니를 채워주는 행위는 없다.

일전에 이어령 선생님을 뵈러 갔더니 선생님께서 창밖에 서 있는 이삿짐 차량을 보고는 "저 집은 가난하네요"라고 말문을 여셨다. 그 말씀을 듣고 이삿짐 차량을 보니 냉장고 2대와 피아노, 컴퓨터, 고급 자전거와 헬스 기구, 브리태니커 백과사전 등 꽤 값비싸 보이는 살림살이들이 많았다. 이번에는 또 어떤 주옥같은 말씀을 하실까 싶어 왜 그렇게 생각하시는지 여쭈었다. 그러자 선생님께서는 "가구만 잔뜩 있고 책이라고는 전시용으로 보이는 백과사전이 전부니 지식이 가난한 집이지요"라고 하시는 것이었다.

지식이 가난한 사람은 바닥이 보인다. 반면에 책을 가까이 한 사람은 그 깊이감이 남다르다. 말 한 마디를 해도 가볍지가 않다. 또한 책을 통해 얻은 지식과 지식을 엮어 자신만의 콘텐츠로 만들어낼 줄 안다. 그래서 이야기를 나눌수록 대화의 범위가 더욱 넓어진다.

어디 그뿐인가. 책은 어휘력을 향상시켜 표현력마저 키워준다. 말 한마디를 하더라도 딱 떨어지게 전달하는 사람과 구구절절 설명하는 사람을 놓고 비교했을 때, 첫 번째 사람에게 호감이 가는 것은 인지상정일 거라고 생각한다. 말이 잘 통해야 관계도 맺고 싶은 마음이 든다. 그러니 자격증 수험서나 토익 문제집만 읽지 말고 책다운 책도 들여다보자. 어려운 책을 읽으라는 말이 아니다. 자신의 관심사에 부합하는 쪽으로 읽다 보면 전문가까지는 아니더라도 상당한 안목을 지닐 수 있다.

마지막으로 권하는 것은 메모인데, 위의 두 방법에 비해 좀 더 가볍게 실천할 수 있지 않을까 한다. 나는 평소에 손바닥만 한 수첩을 가지고 다니다가 눈에 들어오는 간판이나 광고 카피, 신문이나 책에서 발견한 좋은 구절이 있으면 즉석에서 적어둔다. '다음에 적어야지' 하는 순간 이미 저만치 사라지기 때문이다. 수첩에 적는 것이 귀찮다면 스마트폰을 활용해보자. 메모 애플리케이션에 써두거나 카메라로 찍어놓으면 된다. 메모할 때는 그것을 어디에 쓰려고 했는지 짤막하게 덧붙이는 것이 좋다. 하루에도 엄청난 정보가 머릿속에 담기는 세상이다 보니 덮어놓고 뒤돌아서면 잊어버리기 쉽다. 의도를 적어 놓아야 당시에 왜 이 내용을 적었는지 기억할 수 있다.

　메모할 때 또 하나 권하는 방법이 '용어 메모'다. 정치, 경제, 문화, 예술 등 다양한 분야의 사람과 만나다 보니 용어의 힘을 눈여겨보게 되었다. 말하는 사람이 어떤 용어를 쓰는지 유심히 들어 보면 그 사람이 몸담고 있는 세계가 보인다. 예를 들어 글을 보고 누구는 '텍스트'라고 말하는 반면, 어떤 사람은 '콘텐츠'라고 이야기한다. 이럴 때 일정한 경계 안에서 통용되는 말을 그 밖에 있는 사람이 알아듣고 반응해주는 것처럼 반가운 일이 없다. 공통의 화제를 부르는 좋은 전략이 될 수 있는 것이다. 그래서 나는 별도의 수첩을 준비해 용어를 메모하기도 한다. 대화 상대가 자주 언급한 용어를 기억했다가 상대의 이름 옆에 용어의 뜻을 적어 넣는 것이다.

이렇게 세 가지 습관 중 어느 하나라도 몸에 배면 잡담 내공이 하나둘 쌓이면서 세련된 잡담이 가능해진다. 만남의 자리에서 인형처럼 미소만 보이는 것이 아니라 어떤 사람과 만나도 자신 있게 대화에 참여할 수 있는 것이다.

세상에 공짜는 없다고들 하는데 이것은 관계에서도 마찬가지다. 품을 들이려는 노력 하나 없이 상대방을 붙잡을 수는 없다. 그러니 지금부터라도 꾸준히 상대의 눈과 귀를 붙잡을 만한 잡담 내공을 쌓아보자. '낭중지추'라고 했던가. 감추려고 해도 감춰지지 않는 주머니 속 송곳처럼, 많은 사람들 가운데서도 상대의 눈이 그대에게 향하도록 만드는 놀라운 무기가 될 것이다.

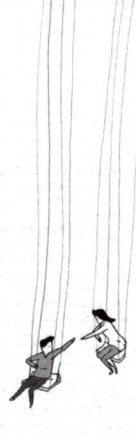

이너서클,
지금 당장
시작하라

고인 물이 썩듯이 움직이지 않는 관계는 넓어지지도, 깊어지지도 않는다. 갈등이 귀찮고 다툼이 부담스럽다고 해서 나를 뻗어나가게 할 '사람 경험'과 다양한 관계를 포기하는 것은 어리석은 일이다.

"사람과 성장을 동시에 추구하라고 하셨는데, 어떤 방법이 있을까요?"

나는 이에 대한 답으로 단연 '이너서클(inner circle)'을 제안한다. 원래 이너서클이란 조직의 권력을 쥐고 있는 핵심층을 뜻하는 말인데, 여기서는 그런 뜻보다 정보와 관심사를 공유하는 일종의 그룹을 뜻한다. 이는 업무 성과를 높이는 데도 적지 않은 도움이 된다. 실제로 미국의 저명한 경제지인 〈포춘〉에서 선도하는 기업과 순위 밖으로 밀려난 기업의 경영자들 사이에 어떤 차이가 있는지를 분석한 적이 있다. 그 결과 이른바 잘나가는 기업의 경영자들은 다양한 관계를 형성할 수 있는 모임에 적극적으로 참석했다는 점이 가장 큰 차이였다고 한다.

직장인의 경우 같은 회사나 업종에 몸담은 사람들과 이너서클을 구성하면 모이기도 쉽고, 직무와 관련하여 필요한 정보나 고민거리를 나눌 수 있어 장점이 많다. 또한 꼭 업무와 관련되지 않아도 관심 분야나 취미 활동과 관련된 이너서클을 조직해 주도적으로 모임을 키워나가는 것도 좋다.

'멀리 가려면 함께 가라'는 말도 있듯이 함께 갈 사람들이 있어야 중요한 고비마다 잘 헤쳐나갈 수 있다. 나 역시 같은 학교의 몇몇 교수님들과 함께 이너서클을 만들었는데, 학교에서는 엄연히 동료 관계에 있지만 바깥에서는 친한 형·누나·동생 사이로 지낸다. 업무에 관한 정보를 주고받을 뿐만 아니라 고민이 있으면 털어놓기도 하고, 서로의 비전이나 계획에 대해 조언을 주고받는다. 이처럼 언제나 나를 응원하고 격려해주는 이들이 있기에 힘든 세상을 뚜벅뚜벅 걸어갈 수 있는 것이다.

이너서클,
누구와 함께 해야 할까

이너서클을 조직할 때는 그 어느 때보다 사람 보는 안목이 필요한데, 무엇보다 인품과 평판이 중요한 기준이 된다. 함께 일하면서 큰 문제를 일으키는 사람은 아닌지, 이기적이며 자기만 생각하는 사람이 아닌지 등을 최대한 꼼꼼하고 확실하게 알아보는 것이 좋다.

  나는 멤버를 섭외할 때 스스로에게 '이 사람과 평생 좋은 관계를 유지할 수 있을까?'라는 질문을 던진다. '그렇다'라는 답이 나오면 그 믿음의 근거가 무엇인지 찾으려고 하며, 선뜻 긍정적인 답이 나오지 않으면 재차 다른 질문을 던진다. 즉 '이 사람에게 나를 노출해도 괜찮은가?', '이 사람은 매사에 긍정적인 사람인가?' 등의 질문을 던진 뒤 답이 나오면 그제서야 결정을 내린다.

만약 이런 식으로 판단하는 것이 어렵다면 이것 하나만이라도 기억하자. 다른 사람을 향해 먼저 웃어 보이는 사람이라면 반드시 잡을 것을 권하고 싶다. 어디에 가든 먼저 인사를 씩씩하게 건네거나 활짝 웃으며 말을 걸어주는 유형이 있는데, 이런 사람치고 갈등을 일으키는 경우를 보지 못했기 때문이다.

이처럼 이너서클을 조직할 때는 됨됨이와 평판을 일차적으로 보고 멤버들을 섭외하되, 중심인물을 가장 먼저 섭외하는 것이 좋다. 그래야 나머지 멤버를 모으는 일이 수월해지기 때문이다. 멤버들의 성향이 어느 한쪽에 치우치지 않도록 하는 것도 중요하다. 지나치게 같은 성향의 멤버들만 모이면, 나와 다른 이들을 경험하며 성장한다는 이너서클의 의미가 퇴색될 수 있다. 성향이 달라서 부딪힐 수 있겠지만 그럼에도 다르기에 서로를 발전시킬 수 있는 방향을 권하고 싶다.

쉽지 않다,
그럼에도 도전하라

　　　　　　　　　　　　마음이 맞는 사람들인 줄 알고 모였는데 의외로 성향이나 성격이 너무 달라 티격태격하게 될 수도 있다. 특정한 두세 사람끼리 사이가 좋지 않은데 중간에서 이러지도 저러지도 못하는 경우도 있고, 그 여파가 다른 멤버들에게까지 미쳐서 이너서클 전체의 분위기가 나빠질 수도 있다. 이런 때는 어떻게 해야 할까?

　어느 한 사람의 편을 들거나 그 일에 관련된 모두를 내보내는 것은 지혜롭지 못한 방법이다. 만약 소수 대 다수의 구도가 되어 소수를 내보내면, 이는 반드시 누군가의 기억에 상처로 남아 평생 서로 얼굴을 보지 않는 관계가 될 수도 있다. 그러므로 당사자들이 불편함을 느끼고 더 이상 함께하지 못하겠다는 의사를 밝히면 어쩔 수 없지만, 그게 아니라면 한 번 만들어진 이상 끝까지 같이 가는 것을 권하고 싶다.

　사실 이너서클을 문제없이 잘 끌고 나간다는 게 쉬운 일은 아니다. 다양한 사람을 겪어 본 경험 없이 친한 친구 혹은 지인과의 관계만 유지해 온 젊은이들에게는 더욱 그렇다. 피를 나눈 가족끼리도 마음이 맞지 않아 싸우기도 하는데 남이야 오죽하겠는가? 그러니 힘에 부친다고 포기하지 말자. 고인 물이 썩듯이 움직이지 않는 관계는 넓어지지도, 깊어지지도 않는다. 갈등이 귀찮고 다툼이 부담스럽다고 해서 나를 뻗어나가게 할 경험과 관계를 포기하는 것은 어리석은 일이다.

인생이 100미터라고 했을 때 10미터마다 현 위치를 가리키는 표지판과 함께 '돈, 일, 기회, 유머, 꿈, 예술, 자존감, 건강, 가족, 친구, 사랑'이라는 가치들이 놓여 있다고 가정해 보자. 물론 인생을 살면서 어느 것 하나 빼놓을 수 없을 만큼 모두 중요하다. 하지만 앞에서부터 놓인 8개의 가치를 이기는 것은 뒤쪽에 놓인 가족, 친구, 사랑을 아우르는 '사람'이다. 돈보다 사랑이, 일보다 우정이, 기회보다 가족이 소중하다는 것만 놓치지 않아도 누구나 좋은 사람들 틈바구니에서 살 수 있다.

사람으로 인해 아프고 다치는 것이 두려워 아직도 발을 떼지 못하고 있는가? 두려워하지 말고 한 발자국만 옮겨 보자. 그리고 용기내어 먼저 다가가 보자. 그만큼 사람과 관계에 대한 경험이 차곡차곡 쌓여 절대로 부러지지 않는, 그대의 가장 튼튼한 지팡이가 될 테니 말이다.

내 뒤를 따르지 마시오. 나는 그대를 이끌고 싶지 않소.
내 앞에 나서지 마시오. 나는 그대를 따르고 싶지 않소.
다만 내 옆에서 나란히 걸으시오. 우리가 하나가 될 수 있도록.

- 인디언 속담

결과만 얻으면 하수,
사람까지 얻어야 고수다!